互联网金融发展研究

杨波丽 著

江西科学技术出版社

图书在版编目（CIP）数据

互联网金融发展研究 / 杨波丽著. -- 南昌 ：江西科学技术出版社, 2023.4
ISBN 978-7-5390-8536-4

Ⅰ. ①互… Ⅱ. ①杨… Ⅲ. ①互联网络－应用－金融 Ⅳ. ①F830.49

中国国家版本馆 CIP 数据核字(2023)第 041244 号

国际互联网（Internet）地址：
http://www.jxkjcbs.com
选题序号：KX2023153

互联网金融发展研究

杨波丽 著

HULIANWANG JINRONG FAZHAN YANJIU

出版发行	江西科学技术出版社
社址	南昌市蓼洲街 2 号附 1 号
	邮编：330009　电话：(0791) 86624275　86610326(传真)
印刷	济南文达印务有限公司
经销	各地新华书店
开本	710mm×1000mm　1/16
字数	207 千字
印张	13.75
版次	2024 年 5 月第 1 版
印次	2024 年 5 月第 1 次印刷
书号	ISBN 978-7-5390-8536-4
定价	58.00 元

赣版权登字-03-2023-44
版权所有，侵权必究
（如发现图书质量问题，可联系调换。服务电话：0531-87127889）

前　言

互联网经济正推动着许多行业、产业的组织变革和商业变革。毋庸讳言，互联网经济改变了人们的生活，也将改变人类的历史进程。在这一历史性的进程中，作为现代经济的核心基础——金融，也迅速互联网化，激发了许多创新模式，催生了 P2P、众筹等新的金融产业，与此同时，传统的银行业务也在不断网络化。互联网金融从最初的电子商务、移动支付进入了资金募集、理财和借贷等其他新领域，覆盖和贯通金融服务、电子商务、社交生活等方方面面，深刻地影响和改变了人们的生活方式。

互联网金融既是一场技术的革命，同时也是一场思维的革命。互联网金融改变了传统金融机构的结构和运作模式，极大地降低了金融交易成本，提高了金融服务的效率，更重要的是改变了金融的思维方式。

虽然整个互联网金融在国内的发展有着广阔的前景，但是在互联网金融发展的道路上也出现了诸多问题，涉及互联网金融的各个方面。为了我国互联网金融的健康发展，本书从国内互联网发展的现状出发，具体地探讨互联网金融发展中存在的问题，从解决问题的角度提出应该注意的问题与对策建议，期待互联网金融行业能够充分发挥其优势，推动国内金融业健康有序发展。

目 录

第一章 互联网金融概述 1
第一节 互联网金融概述、本质及特征 1
第二节 互联网金融与传统金融 8
第三节 互联网引发的社会变革 20

第二章 互联网金融典型业务模式 49
第一节 移动支付 49
第二节 P2P 网络借贷 57
第三节 众筹融资 71
第四节 信息化金融机构 78
第五节 互联网货币 81
第六节 大数据金融 87

第三章 互联网金融发展现状 92
第一节 移动支付发展现状 92
第二节 P2P 网络借贷发展现状 97
第三节 众筹融资发展现状 100
第四节 互联网理财发展现状 102

第四章 互联网金融发展存在的问题 105
第一节 移动支付发展问题 105
第二节 P2P 网络借贷发展问题 110
第三节 众筹融资发展问题 116
第四节 互联网理财发展问题 120
第五节 信息化金融机构发展问题 123
第六节 互联网货币发展问题 128
第七节 大数据金融发展问题 133

第五章 互联网金融健康发展的对策与建议 145
第一节 发展移动支付的对策建议 145

- 第二节 发展P2P网络借贷的对策建议 147
- 第三节 发展众筹融资的对策建议 150
- 第四节 发展互联网理财的对策建议 154
- 第五节 国家层面的对策建议 156

第六章 互联网金融的风控与监管 165
- 第一节 互联网金融风险分析与风险控制 165
- 第二节 互联网金融监管政策探索 174

第七章 中国互联网金融发展前景展望 205
- 第一节 智能终端移动化 205
- 第二节 大数据运用普遍化 208
- 第三节 云计算使用广泛化 209
- 第四节 金融脱媒常态化 211

参考文献 213

第一章 互联网金融概述

第一节 互联网金融概述、本质及特征

一、互联网金融的定义

2014年伊始,"互联网金融"一词就被大量地提及,来势汹汹,猝不及防。无论是传统媒体,如报纸、杂志、电视等,还是新兴网络媒体,"互联网金融"的名称和概念似乎无处不在。那么究竟该怎样来定义互联网金融,又或者说互联网金融到底是什么呢?关于此,中国人民银行在2014年发布的《中国金融稳定报告(2014)》中对于互联网金融这一名词给出了释义。据介绍,互联网金融广义上是指金融企业和非金融企业通过互联网而进行的一种金融服务;狭义的互联网金融则只是指互联网企业通过网络技术经营的金融业务和服务。

简言之,互联网金融是互联网与金融相结合,依托互联网和移动通信技术,完成金融通信、支付和信息服务的金融形式。

二、互联网金融的六大模式

互联网金融是依靠支付、云计算、社交网络以及搜索引擎等网络工具,实现资金融通、支付和信息中介等业务的一种新的金融模式。互联网金融的崛起,是传统金融行业发展的延续,有利地解决了中小企业的融资问题,积极推动民间融资向阳光化、安全化方向发展,促进民间资金合法有序进入实体经济。下面对互联网金融的六大模式进行介绍:

（1）第三方网络平台支付，是由实力强、信誉高的第三方机构，采用与银行签约的方式提供的交易支付平台。第三方网络平台支付是当前应用最广的网络支付中介，其发展已日趋成熟，我国获得移动支付牌照的企业已超过200家。第三方网络平台支付的代表有支付宝、财付通、快钱、微信支付。

根据大数据研究公司发布的《2015年中国移动支付市场调查报告》显示，由于中国移动支付巨头的活动补贴和各种APP的使用量，使人们已经渐渐适应了移动支付的方式。2013—2014年这两年的时间内，移动支付获得了飞速的发展。在互联网业务增长相对缓慢之后，主要的移动支付机构也大力开展线下活动，如餐厅、批发市场、购物中心等，这样一来其线下市场消费的比例得到提高。有数据显示，在2015年，中国移动支付市场消费总量达到9.31万亿元，同比增长了57.3%。

在移动支付这一领域，最为大众熟知的是支付宝、财付通和易宝支付。据相关数据显示，在2015年移动支付市场份额中，支付宝排名第一，为72.9%，财付通（微信+手机QQ）排名第二，为17.4%，拉卡拉、百度钱包和易宝支付的市场份额也都超过了1%，它们所占比例分别是3%、2.2%和1.5%；快钱、平安付、京东支付和连连支付的占比率较小。

（2）电商小贷，是指电商企业利用互联网等信息化手段，利用其长期积累的平台交易数据对企业及个人的信誉进行评价，向其发放小额度信用贷款。电商小贷通过对云计算平台相关技术和海量数据挖掘技术进行分析，发掘潜在高信用客户信息，它有"数额低，时间短，纯信用和随借随还"的特征。在电子商务中，阿里、京东、苏宁三大巨头都在经营各自的供应链金融系统。

（3）通过渠道进行销售，这样的销售模式利用了网络大规模电子商务用户的优势，将金融和网络服务深度结合起来，更好地利用互联网这个平台向用户提供便捷的金融服务。用户利用互联网可以直接购买理财产品，这样不仅能够有比较高的收益，还能随时进行消费支付和转出。与传统的金融机构理财产品不同，其优点是不设限购门槛、免手续费、交易自由，余额宝、定存宝是渠道产品销售模式的主要代表。

（4）P2P 网贷，指由资质较好的网络信贷公司充当中介平台，利用互联网和移动互联网公司为信息和商业活动提供网络屏障，并将借款人和贷款人连接起来，以了解各自的需求。截至目前，我国知名 P2P 平台已达 300 余家。P2P 网络信贷的代表有人人贷、拍拍贷、宜信。2015 年开始进入发展期时 P2P 企业 TOP10 如表 1-1 所示。

表 1-1　2015 年 P2P 企业 TOP10

排名	名称
1	红岭创投
2	陆金所
3	鑫合汇
4	PPmoney
5	宜信
6	人人贷
7	开鑫贷
8	普惠金融/爱钱进
9	翼龙贷
10	海金仓

（5）网络金融门户，是企业通过互联网金融门户的服务平台机构，将金融服务体系中各金融机构的产品进行组合，并确定各金融机构产品的价格和特点，以便为金融服务选择合适的服务商品。它的核心是"搜索和匹配价格"。在这样的模式中，充分发挥网络金融信息媒介的作用，其本身并不参与交易和资金往来。融 360、格上理财、平安陆金所均包含于此模式内。

（6）众筹融资，是利用网络和 SNS 的传播特点，允许小企业、艺术家或个人向公众展示他们的创造力，吸引更多人的注意并获得项目的资金。项目发起人不能向支持者承诺任何经济利益，必须是以其相应的实物、服务或媒体内容等作为回报。目前，我国的众筹平台多数带有公益和慈善色彩。主要代表有点名网、追梦网等。

三、互联网金融的特征

互联网融资具有象征性的第三方平台支付、P2P网络贷款和多种融资方式，波动性很大，在各个方面都引起了相当大的关注。有人将2013年定为中国互联网金融的元年。作为信息革命的重要成果之一，传统金融行业在互联网"开放、平等、协作、分享"精神的影响下不断发生改变。传统金融行业与互联网的结合和精神推动了互联网金融的产生。

网络科技不断进步，使其自身的优势"开放、平等、协作、分享"，能够很好地弥补传统金融行业的短板。因而互联网金融通过借助新兴媒体平台，包括互联网和移动通信技术，使传统金融业务具有透明度更高、参与度更高、中间成本更低、操作更简便、协作性更好的特点。下面将这些特征加以概括总结，得出以下几个显著特点。

（一）互联网金融的普惠性

19世纪末20世纪初，意大利经济学家巴莱多提出了二八定律，也称巴莱多定律。由定律可知，在任何事物中，最重要的、起决定性作用的只占其中一小部分，约20%，余下的80%虽占到绝大多数，但在价值的体现上却是次要的。

传统金融行业基于硬件、软件的匮乏，如网点数量少、从业人员不足等，常常花费大量精力在"20%"优质客户的开发上。目前，金融机构对于市场，即80%的绝大多数客户的漠视，极大地阻碍了人们公平参与到金融活动中来。主要体现在：中小企业贷款难、小微企业直接融资难、民营企业难以获得平等交易的机会、低收入人群无法找到与之匹配的金融服务，包括贷款、保险与理财等。

金融得益于网络科技的繁荣，将其引向"80%"的目标客户群。如今流行的微借贷、微理财、微保险、微投资等，其发展门槛远低于传统金融产品，如余额宝、百度理财等最低投资门槛仅为一元钱。互联网技术革命使得金融行业在运行过程中能够降低其运营成本，支撑普遍的低成本差异化，可同时满足海量用户的个性化需求。海量、低价的本身即包含和体现着普惠精神。

（二）互联网金融的数字化

数据一直是信息时代的象征。金融业一方面是大数据的重要产生者，同时金融业也高度依赖信息技术，是典型的数据驱动行业。在信息革命下，传统支付方式正经历着巨变，数据将作为金融的核心资产，撼动实物货币的地位。

互联网金融机构在数据挖掘方面潜力非常巨大。社交网络、电子商务、移动支付、搜索引擎等共同形成了庞大的数据量，采用云计算和行为分析理论使大数据挖掘更加可行。大数据促成了传统金融的三大发展：业务频率、社会态度分析和大数据贷款风险评估。商业模式和产品在互联网金融方面的相互作用反映了对大量数据的合理利用。

（三）基于互联网的全新金融模式的自我进化性

平台的连接和不断创新的账户之间的持续联系导致了对互联网金融的生态解读。一方面，各种金融产品和增值服务在线商务影响力不断增强，使得用户能够在同一个网站和同一个入口选择满足自己需求的商品和同等服务；另一方面，支付、电子商务、网上借贷、众筹、理财等这些金融因素都在同一个地方生长，相互依存、彼此提携、交叉发展，成为一站式自我进化的综合服务的生态形式。

实际上，网络电子商务生态化演变是互联网迅速发展的必然结果，也是融合产品与服务、协调专业分工的推动力量。"BAT"互联网三巨头的组建，都是基于服务，搭建支付工具、搜索引擎、电子商务等平台，到构建包含餐饮、休闲、娱乐等日常生活场景在内的生活生态圈。这种生态圈不是对服务和功能进行简单组合，也不是一味地在降低成本的基础上进行物理迁移，它使我们的衣食住行发生了翻天覆地的变化，给人类带来史无前例的福利。

随着互联网发展的速度越来越快，涌现出很多构建丰富生活场景、主体参与有序的开放金融服务平台，人们的基本需求和资金已通过互联网被纳入一个全新的生活和社会形象概念。在一个开放和便捷的金融环境中，具有多种社会要素和不断扩大服务类别的互联网不再是一个简单和僵硬的模式。金融功能不只是传统的分工模式，投资和财务管理也不再是理性而冷淡的收入对比，个体财务行为更为人性化和温暖。

（四）金融服务低成本化

低成本化的互联网金融具有两个特点：

第一，表现在交易成本上，如阿里金融单笔贷款的审批，其利用了大数据和信息流等技术，成本与传统银行审批相比较大幅度降低，凭借电子商务所具有的公开、透明、数据完整等优势，与阿里巴巴的B2B、淘宝网、天猫数据贯通、信息共享，实现金融信贷审批、运作和管理，与金融机构传统的"三查"相比成本低、速度快。

第二，在服务成本方面，由于互联网融资的影响，小企业和微型企业的融资成本已经降低。例如，移动支付的成本大大降低，并开辟了新的低成本融资渠道，金融网络门户使客户能够寻找低成本和高质量的金融服务产品。移动互联网可以在任何时候和任何地点完成金融产品交易，降低交易费用。据中国网络信息中心的数据显示，截至2012年年底中国网上银行用户达到2.21亿元，其中有5407万人都在使用手机网上银行；网上支付的用户规模达2.21亿元，其中手机支付用户5531万人。据2014年3月15日中国银行业协会发布的《2014年度中国银行业服务改进情况报告》显示：截至2014年年末，中国银行业金融机构网上银行交易608.46亿笔，同比增加21.59%，交易金额同比增加17.05%。其中，个人客户数达到9.09亿户，新增1.5亿户，同比增加19.71%；交易笔数达608.46亿笔，同比增加21.59%；交易总额达1248.93万亿元，同比增加17.05%。企业客户达到1811.4万户，同比增加16.75%。

手机网络应用于商务，如手机银行、手机支付等使金融产品交易变得自如，购买成本也随之降低。诸如股票、期货、黄金等各种金融产品可随时随地进行交易，效率获得了极大的提高。

2015年6月我国互联网用户网上银行使用率为53.7%，环比增长14.4989%，同比增长16.2338%。表1-2为2010—2015年我国互联网用户网上银行使用率统计表。

表1-2 2010—2015年我国互联网用户网上银行使用率统计表

网上银行使用率			
时间	期末值	环比变动/%	同比变动/%
2015年6月	53.7000	14.4989	16.2338
2014年12月	46.9000	1.5152	11.4014
2014年6月	46.2000	9.7387	11.5942
2013年12月	42.1000	1.6908	7.6726
2013年6月	41.4000	5.8824	18.9655
2012年12月	39.1000	12.3563	20.3077
2012年6月	34.8000	7.0769	10.1266
2011年12月	32.5000	2.8481	8.3333
2011年6月	31.6000	5.3333	3.6066
2010年12月	30.0000	−1.6393	22.4490
2010年6月	30.5000	24.4898	36.1607

（五）互联网金融的风险性

一是法律风险。由于互联网金融在我国起步发展时间较晚，就近期互联网金融交易而言，相关法律法规并不完善。互联网金融存在违约成本低的问题，这就诱发恶意骗贷、卷款跑路等风险增大。尤其是P2P网贷平台，其缺乏强有力的监管力度，且准入门槛低，为不法分子从事非法集资和诈骗等犯罪活动提供了滋生的土壤。二是网络安全风险。我国存在严重的互联网安全问题，不法分子利用网络进行金融犯罪不可小觑。一旦网络系统被病毒或黑客攻击，将会丢失操作数据、用户个人信息也将面临泄露，资金安全难以得到保障。

近年来，围绕基础设施、平台、渠道和场景这些要素的构建和改进，互联网金融取得了蓬勃发展。虽然经历了一些风险事件的拷问，但行业向好势头明确。特别是 2015 年年中印发的《关于支持网络金融健康发展的指导意见》，确立了互联网金融模式主要的监管职责分工，也提出了规范中加以引导的监管倾向，将促使整个互联网金融行业回归健康发展的生态秩序。

2015 年 3 月 25 日，中国互联网金融协会在上海黄浦区正式挂牌成立，中国人民银行、银监会、支付清算协会、证监会、上海市政府领导，以及来自商业银行、证券、保险、基金、信托、支付、网络借贷等多类金融机构的代表共同出席本次会议。同时，该协会召开了第一次会员代表大会，参会会员代表对协会章程、自律公约、倡议书、会员机制等协会基本制度进行审议表决，并选举产生了第一届常务理事单位，京东金融、腾讯、百度等企业当选。

2015 年的《政府工作报告》指出，"规范发展互联网金融"，明确了互联网金融在未来五年的发展目标。当前，互联网金融协会挂牌成立。业界人士普遍认为，这是国家强化金融监管，引导金融机构合法合规经营的重要举措，具有里程碑式的意义。

第二节　互联网金融与传统金融

众所周知，"互联网+"、互联网思维正在深刻地影响着人们的思维、衣食住行和交往方式等方面。移动支付公司、P2P 网络融资、众筹模式的互联网公司的崛起。两者究竟以怎样的方式共处、共存、共生、共荣，既是一个"仁者见仁、智者见智"的问题，也是一个关乎互联网金融未来发展的大问题。

一、互联网金融与传统金融的区别

互联网金融运用互联网技术实现了资金的融通，大大降低了交易成本，且手续简单，收益比较高，周期短，风险相对较低，而且解决了风险控制的问题，大量客户在网上购物时留下了交易记录和交易痕迹，这些信息对银行工作人员进行风险控制是非常重要的。互联网金融面对的客户以分散的个人客户和中小企业为主，由于传统的商业银行并未十分重视这部分客户，互联网金融正好填补了这个空白,自然受到追捧而快速发展。

不仅如此,互联网金融业务量大,业务范围广。一是互联网金融业务交易量大,明显表现出单笔量小。二是互联网金融产品种类多,与传统产业和传统金融行业相比,互联网金融产品众多,业务范围广泛,互联网金融蓬勃兴起,几乎触及了金融业的所有领域。

相比于传统金融,互联网金融在定位、模式、治理机制、优势方面具有如下特点。

(一)定位

互联网金融主要定位于长尾市场客户群体,唤醒广大普通用户的投资理财意识,并利用互联网这种更容易触及的手段激发他们的金融需求。

(二)模式

传统金融机构和在线金融机构使用网络技术时采用的模式不同。前者在提升线下实体服务的同时,逐步向线上拓展,追求服务的便捷性。而互联网金融则在以线上服务为主的同时,逐步向线下拓展,充分利用便捷的服务手段,把业务做深、做细、做实。

(三)治理机制

传统金融机构监管较为严格,需要进行担保抵押登记及贷后管理,互联网金融机构的市场化程度更高,通过制定透明的规则、建立公众监督的机制来赢得信任。不过越来越多的互联网金融公司的风控、审核机制越来越向银行靠拢。类似"铜掌柜"这样的,都拥有自己专业的风控团队,对借款项目层层把关,保障资金安全。

(四)优势

传统金融的优势是网点布局、品牌效应、庞大的客户群和完善的风险控制体系。互联网金融体制机制普遍灵活,对市场反应敏感,善于根据市场需求变化调整经营策略,更加关注普通客户体验。

二、互联网金融与传统金融的共同点

互联网金融推动了我国经济的飞速发展,国家也在逐步布局互联网金融与传统金融(以下以传统银行为例)的相互融合,未来互联网金融和传统金融的概念也会越来越接近,虽然本质概念上是有区别的,但还是有很多共同点的,传统银行和互联网金融都由资信、系统、资金获取及获取利益四大模块构成。

(一)资信

资信是传统银行所具有的最大优势。银行的核心价值在于拥有数亿的注册资本、几十年的高信用度、上千亿元的市值、银行牌照的信用背书……所有这些是银行综合实力的象征,是人们对银行充满信任感的基础。互联网金融无法达到这一点,特别是在互联网金融刚刚萌芽的时候,一个仅几十万注册资本、上百万元的科技公司,十几二十个人的团队,就是所谓"草根颠覆"的由来。然而现在,由于金融业的发展和监管力度的加强,使网上金融企业的放贷逐步完善。业内顶尖的互联网金融公司不仅拥有数十亿元的注册资本、上千人的团队,而且分公司遍及全国各地,实力远比一般的城商行、村镇银行要强得多。随着行业的日益发展,两者的差距将越来越小,直至消失。

(二)系统

系统作为传统银行的最大投入,不仅指账户、清算、支付等财务方面,还有风控系统、运营系统、管理系统,甚至是监控系统等。这是银行久经风雨积累的管理方法,也是其生存之道。

借助大数据大系统对传统银行积累的大量数据进行分析,将个人的交易记录及行为转化为可量化的风险识别模型,对整个金融领域来说具有很大的挑战,特别是对非金融数据的利用,例如社交数据,互联网金融自身带有系统,相较于传统银行具有开放的特性。在未来的发展中,谁率先占有强有力的风险防控机制,谁就占据了制高点,因为这将在极大程度上提升作业效率,其对于金融行业的意义,不亚于蒸汽机对于工业的意义。然而,只有全社会共同努力才能建设好这个模型,传统银行和互联网金融也不例外。

(三)资金获取

银行的资金来源主要依靠吸储。银行大都执行央行的基准利率,资金成本很低。而互联网金融自身没有吸储功能,更多地依靠信息聚合为投资人提供收益,年化从开始的20%—30%降到今天的10%左右,虽有大幅下降,资金成本上依然呈现劣势。在利率市场化的体制和风险定价的金融准则影响下,互联网金融的资金成本将逐步降低,银行的资金成本将有所上升,最终达到两者利率水平在一定程度上的趋同。

(四)获取利益

放贷是银行的主营业务,银行通过放贷以获得利差。金融的逻辑在于只要收益大于成本和坏账率之和,就是有利可赚的。由于互联网金融只是一种信息中介,其只能通过提供信息服务来获利。借款利率则取决于前端资金成本,通常在投资人的基础上加1%—3%。而由于银行具有资金成本上的优势,其在借款端也有优势。随着利率市场化的推进,竞争的关键取决于原始定价,谁能更好地管理风险,谁能更好地进行金融创新,谁就能在竞争中获胜。

总而言之,传统金融和互联网金融的实质是相同的,在"互联网+"时代下具有同等金融地位。未来金融行业的发展建立在全行业的共同努力基础之上,用大数据大系统建构出的方式,构建出合理的风控模型,促使全社会的金融效率稳步提升,只有这样中国才能实现真正的普惠金融。互联网金融未来的走向,必然会跟银行等金融机构融合。

三、传统金融与互联网金融的关系

当前我国宏观经济进入结构调整期,经济增长速度放缓,呈现出增速换挡、结构调整、前期刺激政策的消化的三期叠加结构性特征。

因此,今后金融改革的一个重点是增加金融有效供给,防范金融系统性风险。不良贷款是系统性风险的一个指标,要化解不良贷款问题,就要从供给侧、从生产端入手，通过解放生产力和提升竞争力，进而促进经济发展，这是供给侧改革的实质内容。中国约有 40 万亿元的储蓄没有进入实体经济，而互联网金融则可以同时从资产端和负债端唤醒这部分资金，解决经济转型中供给侧的失衡，让资金流入实体经济，盘活存量，刺激增量，最终达到去产能、去库存、去杠杆、降成本、补短板的目的。

在传统金融基础上进行"互联网+"的融合创新，是互联网金融的具体表现形式，是对传统金融的有益补充。其以新技术来做的大众金融、普惠金融和消费者金融，普遍降低传统金融的服务门槛，加强金融服务透明度，优化社会资产配置，提升金融服务实体经济的效率，对于化解现阶段银行不良率"双升"、稳定金融系统、防范系统性金融风险，以及促进产业转型升级均具有积极作用。

金融改革的另外一个发展重点是促进金融行业市场化，改变资源配置的方式，让一批适应新常态、具备新动力、可以创造新经济增长点的行业和小微企业得到应有的金融支持。互联网金融因为具备互联网的特性，使得金融服务的对象能够下沉、深入，可以做到无起点、无差别、全天候服务，过去不在传统金融服务范围之内的人群，可以享受到金融服务，不存在"长尾"问题。另外通过互联网技术，通过大数据、云计算去识别风险、管理风险，能更有针对性，能更好地为小微企业以及消费者的金融需求服务，而传统金融机构至少目前不具备这样的数据优势。

四、互联网金融发展分析

（一）互联网金融的优势

互联网金融凭借自身的优点能够获得非常广阔的空间。与传统金融相比，互联网金融更加高效、灵活，使人们的需求更易得到满足。

1.低成本

互联网金融与实体金融不同，其主要通过网络平台进行交易。借助网络平台，资金的供求双方可自主选择自己满意的业务进行定价交易，流程简单方便。相比于传统的实体交易，互联网交易不存在中介及垄断。一方面，基于大规模数据和云计算的互联网金融业务,在完成前期平台、数据模型和分析模型的建设后,其后处理成本将非常低;另一方面,信息收集的两个参与者将贷款和合同签订等方面可以节省高效的业务成本。

2.创新能力强

互联网金融之所以在短时间内迅速崛起,是因为金融产品具有极强的创新能力。多年来传统金融行业始终坚持自己的经营原则,偶尔也会有所谓的新奇感出现,但它无法颠覆整个行业的模式。从一开始,互联网金融就开始利用互联网技术来满足客户需求和行业认同与扩张,拥有强大的创新市场。

3.即时性

随着网络金融的可用性,使业务和客户交易不再依赖于实体业务。只需要一部智能手机或计算机就能立即实现转账和借贷业务,并节省等待时间。此外,人们还可以利用碎片时间进行理财管理,办理理财业务,时间被充分地利用起来。

4.快捷性

因传统金融模式存在信息不对称的情况,资金供需双方很难在短时间内找到目标。此外,由于获取信息成本高,商业银行也会选择放弃小微企业客户,导致小微企业融资困难。而在互联网金融模式下,资金需求双方可利用互联网金融平台快速进行信息匹配查询,避免因信息不对称带来的恶性循环。

5.高效率

互联网金融是依托互联网技术而发展起来的一种金融形态,具有操作快捷、流程简便的特点。而传统实体交易,则需要客户具有足够的耐心排队等待,常常失去愉快的服务体验。但是在互联网金融的服务下,操作流程被简化,客户可在短时间内完成交易,体验到轻松愉悦的服务。例如,客户通过互联网金融申请贷款,从申请到发放仅需几分钟,互联网金融成了真正的"信贷工厂"。

6.范围广

实体金融在地域和空间上常常会受到限制,但互联网金融却完全可以避免这一点,实现即时交易,服务更贴心,涉及范围更广。同时,互联网金融主要面向小微企业客户群,从而解决了部分传统金融业务中存在的问题,这也有助于提高资源管理效率和支持实体经济的开发。

7.发展快

随着大数据以及电子商务的发展，互联网金融业务也在逐步扩展。就余额宝来说，在其刚刚上线的前 18 天，其累计客户群便达到了 250 多万，转入资金额达 66 亿元之多。据官方报道，余额宝以其近 500 亿元的规模，成为规模最大的公募基金。现在，通过互联网理财，不用再冒着"枪林弹雨"，不用再投 P2P，更不用每天抱着手机看，不再为赚到 1 张彩票钱而自得其乐了，因为网上私人银行时代来了。

（二）互联网金融的劣势

由于网络金融的不断发展，新的网络金融公司和传统金融机构将面临激烈的竞争。未来，甚至可以改变以前的商业模式和财务模式。在挑战和机遇并存的条件下，传统金融行业有必要进行改革和转型，以应对随之而来的互联网金融大趋势。当然互联网金融自身也存在缺点，具体如下。

1.风险控制差

首先在风险管理控制方面，目前互联网金融还未完全实现与中国人民银行征信系统的接入，同时信息与资源的共享尚未实现，缺乏银行控制风险机制，风险控制机制不完善会引起各种风险隐患。由于缺乏风险控制机制，已有网站宣布破产，终止服务。其次存在监管弱的特点，因互联网金融在我国起步发展时间较晚，就互联网金融所提供的金融交易而言，与之有关的法律和规则并不完善，在执行业务时将面临众多法律风险。

2.政策红利少

中国的贸易银行在享受国内制度和政策福利的同时，还孤立和管理着大多数金融公司，并在金融市场上占据强势地位。目前，中国互联网金融最大的问题是没有获得银行牌照，政策福利必须要依赖商业银行，用于投资、取出和转移资金。此外，商业银行还受益于其他金融机构所不具备的国际信誉的支持，在国家金融财政中有着重要的作用。

3.资金流弱

网络金融虽然具有金融特征，但也具有网络行业自身的一定特征，在流动金融方面风险因素较多，而且网络金融公司没有进行有效监控，缺乏严格的生产率、股权比例等股权要求。资金可以有效地回收利用，但资金流弱。至于余额宝，这种非经营性金融的大部分用户都是为了赚取可观的利润而转移到余额宝。资金流转自由、无限制，在特殊情况下，用户会大量转移余额宝的资金，余额宝会因资金短缺而陷入流动性资金问题。

4.安全性差

网络安全性不仅关系到消费者对网络的使用信心，也关系到网络金融的发展前景。加强网络金融系统的安全问题是摆在我们广大网络金融系统工作者面前的重要研究课题。网络空间拥有庞大的数据量，容易导致数据泄露。如何保护消费者的隐私是一项重要任务，这就对金融网站的技术提出了挑战，同时也要加强对网站的管理。

5.风险大

在网络金融中，第一个需要解决的问题就是信用风险。从国内互联网金融发展的角度来看，其信用体系仍不健全，缺乏相关法律约束，且互联网金融具有低违约成本、低准入门槛的特点，更加剧了互联网金融的风险。网络安全风险位居其次，因我国网民数量大、黑客多，若互联网受到攻击很容易导致用户隐私泄露，造成财产损失。

6.法律不健全

网络金融业务种类及规模发展迅速，却缺乏相关法律法规的约束，一旦出现纠纷，相关责任很难确定，所以要尽快完善网络金融相关法律法规。

（三）网络金融机遇分析

1.有利于推进利率市场化改革

利率市场风险敞口是建立在货币市场成长性基准之上的市场成长体系。货币市场成长性与市场供求关系相互联系，它由金融机构的金融和信贷成长性决定。网络与金融的融合发展，为增长型市场平衡提供了良好的试验田，新金融形式下的"鲶鱼效应"是一个独立增长市场的过程，这比政府直接提出的要容易接受得多。以余额宝为例，其自推出后，用户看到的实际利息增长高于银行，并帮助他们实现更紧密的市场增长，这有助于实现客观增长的市场进程。

2.与商业银行进行合作实现共赢

商业银行与网络金融是合作与竞争的关系。互联网上的投资公司应该为每个人提供进入商业银行的机会。一是互联网金融与传统金融的融合，使用线下的银行账户监控金融风险。在某些地区，还可以引进把控金融危机的先进网上金融公司，帮助它们发展地方网上金融，支持本地网上金融的发展。因此，企业应该与互联网公司合作。二是对于小额贷款和稀缺贷款，互联网金融创造了一种新型贷款。签约银行将小微企业档案作为信用评级，利用互联网的金融杠杆，增加小微企业贷款额度。

（四）网络金融的挑战与威胁

互联网安全已成为中国网络金融平台面临的重大挑战和威胁。网络犯罪、黑客攻击等日益威胁着网络用户的个人信息安全，一旦用户信息被泄露，将面临严重的资产安全隐患。

1.网络系统风险

计算机应用程序软件负责控制着网络金融大部分业务的风险控制工作，极富专业性。因此，电子系统的技术和管理安全已成为网络金融管理中最重要的技术风险。由于 TCP/IP 网络协议过于简单，思想不正之人非常容易对其进行侵入，篡改信息，盗取个人信息，严重威胁互联网金融的安全。有调查显示，各行业遭受网络黑客攻击速度呈增长趋势，他们利用互联网存在的漏洞侵入个人主机，盗取用户隐秘信息，破坏计算机系统，使其不能正常工作。在传统金融中，安全风险只会导致部分损失，而在线上金融中，安全风险的出现会使网络无法正常运行。与此同时，中国缺少在线金融设备和自主知识产权，目前仍依赖外国进口的设备，因此可能会威胁到中国的金融安全。

2.使用风险

网络金融打破了时间和地域的限制，降低了商业成本，也给信息安全带来了道德风险和有害的选择。随着网络金融在开放的环境中成长，许多单位之间相互联系，与相关单位合作，对信息社会存在安全风险。例如，在某些不安全的网络环境中，用户同时使用几个人的账号和密码，互联网金融的业务主体无法进行传统的盖章和签字程序,这很容易导致用户敏感信息泄露。此外,我国大多数用户缺乏自我信息安全意识,往往将自己的信用卡密码、交易信息等私人信息意外泄露给犯罪分子,引起不可估量的损失。

3.监管法律风险

首先,中国的网络金融发展到现在,在其行业内部依然没有一个标准化监管规制体系,缺乏完善的法律体系,仍处于起步阶段。由于互联网金融缺乏相应的法律制度,对一些关键问题的规定还不够深入或没有触及,有的显然过于空洞,操作差,许多方面都可以改进。其次,由于监测机构很难全面、准确地了解监测部分的真实情况,很难了解互联网上可能存在的金融风险。一旦出现问题,它不仅威胁着互联网自身的金融机构,也威胁着整个金融行业。最后,我国应加快电子商务的立法工作,建立电子合同监管体制,完善电子合同交易法律制度。与书面合同相比,电子合同的电子数据是无形的,且容易消失和修改。合同的可执行性容易产生争议,导致法律纠纷。因此,必须制定相关法律制度,为解决协议提供法律依据。

五、互联网金融对传统金融的机遇与挑战

(一)在互联网金融下传统金融面临的机遇

1.互联网金融是传统金融的有力补充

相对于传统金融,互联网金融降低了交易成本,增加了行业竞争力;增大了为客户服务的口径,覆盖面更广;加强了网络金融的风险控制,通过客户留在互联网上的交易记录和痕迹,这些客户及其资料对银行从事信息风险控制是必要的。

2.大数据在金融行业的应用

在大数据和云计算的保障下,互联网上金融客户的信息是通过一个社交网络创建和分发的,由搜索引擎组织、分类和下载,最终将创建一个有价值的分析数据链,智能满足用户金融需求。

3.交易方式的变革

在交易方式上,互联网金融能够及时检索供需双方的信息,并利用信息技术创建连续而可靠的数据集,并在此基础上进行风险评价和定价。

（二）互联网金融对传统金融发起挑战

网络技术的发展也增加了客户对金融市场的需求，互联网金融逐渐向传统银行业务发起挑战。互联网金融凭借其自身优势，对传统银行的支付领域、小额贷款领域和中间业务领域均造成冲击。对于金融行业而言，"互联网"是一把双刃剑，互联网金融自身也必然存在缺点。因此，在竞争条件相同的情况下，互联网金融究竟比传统金融具有多大优势仍需观察，要想完全取代后者仍任重而道远。

（三）传统金融的应对策略和途径

1.大力发展技术

《指导意见》积极鼓励互联网金融平台、产品和服务创新，激发市场活力。鼓励银行、邮件、保险、理财、信托、用户消费等金融机构依托互联网技术，发展金融传统业务和服务的升级，积极开发与互联网相关的新业务和新产品。从目前的角度来看，传统金融机构应重点发展以下技术：

（1）最新信息技术。其核心是计算机科学、高风险管理和区块链技术，这些都是未来创建新金融企业的技术基础。特别是区块链技术，其用代码构建了一个最低成本的信任方式和大型合作网络，许多发达国家的银行开始将区块链技术框架用于金融服务。

（2）人工智能技术。基于生物统计学的识别是基于人体个体、可靠和稳定的生物学方法（如指纹、虹膜、面部、声纹等），并使用强大的计算机和网络技术进行成像和设计分析。在未来的金融活动中，这将是一种通用的鉴别物质的技术。

（3）无线移动通信技术。其以一种"嵌入式"金融服务技术被公认为手机和智能技术，是互联网金融的未来发展方向。

（4）网络数据保护技术。《指导意见》《监管办法》和《网络借贷信息中介机构业务活动管理暂行办法》都对互联网金融机构的信息安全提出了更高的要求，传统金融必须加强对网络安全的保护。

2.快速应用新产品

网络将以云计算和互联网为动力,与水电一样正常化,将成为企业和个人生活和工作的基本条件,并将随着生活方式和商业模式的变化而发生变化。传统金融机构只有选择网络版商品,才能满足一批客户在"互联网+"时期对金融服务的需求,加快向新兴互联网金融转型。传统金融机构应集中力量在三大方面——标准化产品、特定商品和跨境领域。标准化创新关注的是,同一金融服务需要一定数量的目标群体,持续经营标准化新金融产品的存量,利用互联网平台为客户提供商品和服务体验,并从边际效应中获益。目前,个性化产品的成本很高,但随着用户数据的收集,我们相信,可以以较低的成本向客户提供个性化金融资产和服务,个性化金融资产对传统金融的竞争力能起到推动作用。新的跨界商品是未来创新的主要组成部分。互联网的性质在各种职业之间不再有清晰的界限。传统金融机构应结合自身利益,与非金融法人机构特别是互联网公司合作,利用跨界活动优势,深化和拓展业务。

3.建设生态平台

平台的商业模式是互联网时代独特的生态模式。它的核心是建立一个具有强大增长潜力的"生态环境"。它具有独特复杂的规格和机制系统,可以有效地促进多个集团之间的互动,接受公司平台的愿景。生态平台理论不仅促进了垂直向价值分析的应用,而且增加了水平向设计值的分析。因此,它可以逐渐消除行业界限,它以创新为需求驱动,同时也吞没了现有的需求,从而破坏了行业现状,并将重点放在了产业上。市场结构的形成使得大型的互联网平台,如BAT(百度、阿里巴巴、腾讯)等,能够慢慢进入传统金融业,说明在互联网时代,产业结构占主导地位。事实上,在互联网上建立金融体系一直是传统金融机构的目标。但是,由于很多因素,中国目前没有以传统金融机构为主的金融平台。《指导意见》等政策支持传统金融机构建立互联网金融平台,并为传统金融机构创造历史机遇,以建立和维护网络金融平台。互联网上的生态金融平台必须坚定地执行生态平台战略,以财务账户为入口。具有多用户能力的大型金融机构可以创建多源、多需求、动态的金融机构;拥有多个用户的中型金融机构可以创建详细、多维、特定需求和一站式平台;以小微企业融资效率低、用户数量少为目的,培育微生态、特殊地位、组织导向和支持小微互联网融资的平台。

4.专心致力人才培育

企业在发展过程中，人才是最核心的要素。随着利率市场化的推进和金融脱媒的趋势，银行传统的"躺着也能赚钱"的运作模式有可能会一去不复返。因此，传统金融在"互联网+"时代是否能够发展取决于能否拥有一支具有互联网思维和技能的人才队伍。

传统金融必须以人才发展的优先次序为基础，同时改革机制和制度，并迅速发展一个具有金融业务经验、熟悉国家金融政策和互联网规则、掌握互联网思维、理解互联网精神并认识到互联网的发展、能够在互联网和金融领域创新的中高层管理体系中演变，以及一个对互联网经济有了解的人，产品推广和服务的一线员工群体。传统的金融机构可以利用时间，在互联网上占据金融业务的顶峰，通过在互联网上培养一批具备层次结构合理的金融人才，只有这样才可以抓住机会，更快地在互联网金融行业拥有一席之地。

第三节　互联网引发的社会变革

一、互联网引发的生活变革

作为2015年的热词之一，"互联网+"不仅仅是一个概念，以O2O为代表的"互联网+服务"模式更从衣食住行等方方面面，改变着我们的生活方式。如今，人们可以在出门之前就预订好专车，想吃私房菜的时候可以叫大厨来家里做，家务、洗车等体力活，更可以轻松预订上门服务。这就是"互联网+"时代的新生活。

（一）互联网+零售：颠覆传统购物模式

现在几乎没有人不知道淘宝、天猫、京东等购物网站，人们可以随时随地通过信息高速公路获得所需产品和服务信息。通过网络，我们可以足不出户就可以货比三家购买自己中意的物品。人们对物品或服务将有非常广泛的选择，各种商品的性能、质量、价格甚至直观形象等全部信息在网络上一目了然，可以通过计算机为你检索已有资料中的最优价格，甚至可以用它为消费者与各个卖主进行"砍价"，达到少花钱买到最满意商品的目的。在这种情况下，商品的零售业将发生变化，商店的数量可能减少，所谓"黄金码头"的概念将会消失，传统概念中一家商店的地理位置优势将会减退，而商品配送系统的完善将成为商家格外注重的问题。

根据中国电子商务研究院发布的《中国网络零售市场调查数据》显示，2015 年上半年，中国网络零售业营业额达到 16140 亿元，相比 2014 年上半年的 10856 亿元，同比增长 48.7%，2015 年全年有望达到 38085 亿元。而事实上，根据商务部数据显示，中国 2015 年网络零售额达到 4 万亿元，位居世界第一。

网购已经成为拉动消费的重要渠道，推动经济的发展。网购规模占社会消费品零售总额的增长率趋于放缓，进入一个相对稳定时期。随着网络购物行业发展的日益成熟，各家电商企业在继续立足于在阐述产品、优化物流和售后服务的同时，对网上公交产品进行了探索，发展三、四线城市及其农村地区的物流业。在电商发展格局趋于稳定的情况下，一些企业选择将目标市场锁定在母婴、医疗、家装等垂直营销中心，是网络营销新模式发展的重要内容。

目前，借助互联网购物平台采购物品已不再新鲜，任何物品或需求，只要你有所求，网络上必有所应。随着移动互联网网速升级，移动互联网的高速发展除了浏览器端外，更多的是促进了 APP 应用的快速增长，在人们日常生活关于"衣"的话题中，服装团购有"凡客""唯品会""梦芭莎"；商家推荐有"优衣库""银泰百货""李宁商城"；折扣信息有"品牌打折提醒""八千优惠"；服装搭配技巧有"美丽说""蘑菇街""美丽搭配"等。丰富的 APP 应用让更多的移动互联网用户参与进来。此外，智能手机的使用时间和空间与电脑形成互补，上下班的路途中所占时间比是最多的，因此移动购物正逐渐成为日常消费的主流。快递行业也紧跟网购业快速发展起来。正是因为这些快递小哥的存在，才使得网购更加便利。据国家邮政局局长马军胜介绍，近年来我国快递业发展迅猛，相比于"十二五"初期，2015 年的快递业务总量已达 200 亿件，增长了 8 倍，快递业规模仍在持续扩大，服务水平也在不断提升，企业的数量仍处于增加趋势。

（二）互联网+出行：时代的新模式与新挑战

"互联网+交通"是指在移动互联网、云计算、大数据、物联网等先进技术和理念的支持下，使互联网产业与传统交通运输业相互渗透、融合，打造"线上资源合理分配，线下高效优质运行"的新型经营模式。

2013 年年底到 2014 年年初，滴滴打车与快的打车掀起了一轮又一轮的打车软件补贴大战，在给予了网民众多优惠的同时，也悄然改变了人们的出行方式。

自 2006 年国内第一家专业汽车信贷网站成立以来，中国在线旅游业经历了从"线下重资产+在线服务"到"互联网+共享经济/轻资产重服务"的由 PC 端向移动端的转变。这种变化也已成为现实。2012 年以来，出现了一批汽车服务终端，其服务模式主要包括租车、货车、代驾、出租车、专用车（快车）与定制巴士等（如图 1-1 所示）。

图 1-1　互联网出行企业分布

"滴滴打车"类应用突然间盛行显然不是偶然性的，而是体现了市场对于这类应用的迫切需求，其中所蕴含的巨大商机也正被逐渐撬起。目前滴滴打车已经覆盖北京市超过 3 万辆的出租车，通过这类打车服务，乘客只要输入使用时间、始发地、目的地和加价金额，司机便可接收实时语音播放，根据自己实际情况和位置选择是否接单。它不但解决了很多人打车难的问题，也给司机师傅提高了收入，自然就受到这部分群体的欢迎。

而除了打车类的APP应用外，"行"的领域覆盖面比较广泛，可以分为车票预订类（携程无线、高铁时代）、车票信息类（航旅纵横、超级火车票）、旅行规划类（艺龙旅行、去哪儿旅行）、地图导航类（百度地图、高德地图）和公交查询类（搜狗公交、爱帮公交），通过细分领域精准定位人群，并且提供深度个性化服务，依托于移动互联网让人们的出行更加顺利。

互联网技术的应用，已经显著改变了交通的面貌。在城镇化建设加速、公共交通系统建设需求与日俱增的今天，互联网与交通的碰撞还将持续产生强大的化学反应。随着互联网跨界渗透，交通管理与互联网企业融合态势也愈发明显。如今，物联网、云计算、车联网、无人驾驶等概念风起云涌，伴随着智能交通科技的快速发展，智能交通的产业化具有很明朗的前景。未来，随着手机、大数据、车联网等技术在智能通信领域的日益发展，人们的出行方式将变得更加有效和舒适，也将有助于相关部门为社会提供更好的公共交通服务。

（三）互联网+餐饮：互联网思维改造餐饮业

"饮食男女，人之大欲存焉。"几千年前春秋时代的孔子就已经将"吃"的问题摆在了首位，而在移动互联网火热的今天，这种饮食文化又得到了充分的发扬。很多企业利用吃喝玩乐本地化的特征，运用移动互联网带给消费者全新的感受，人们查找餐馆、美食不再需要在固定的传统PC前缓慢找寻，甚至是需要口口相传，而是只要通过手中的移动智能终端内置的LBS服务便可轻松找到附近美食店，并可浏览消费者的用餐评价。在中国烹饪协会联合中国网开展全国性的2015年餐饮消费报告中展示的获取餐厅信息的方式有："食品网站或节目"占45.1%，居首位，"其他人介绍"占40.1%，"社交媒体""报纸、电视、广播等传统媒体"和"其他频道"合计占14.8%。

在互联网上，餐饮业最明显的特征是其口碑传播速度被无限放大。互联网好比一面放大镜，它既可加快高质量餐饮品牌的增加，也可能会迅速淘汰低诚信品牌。如果你想选择一个开放的社会环境，其大众口碑是很重要的。在接受访问的人中有近85%的受访者会将食物图片发到网上（资料页、朋友圈、微博)、讲述餐饮消费体验、给予评价的经验。同时，这些信息也会对用户选择餐厅的行为产生重大影响。几乎 90%的人会因为朋友的分享而受到影响，70%以上的人将选择普遍受到消费者好评的餐厅就餐，仅有 5.0%的人表示不会受到他人评价的影响。在支付方式上，使用现金支付的比例明显下降，网络支付、移动支付、消费卡支付等问题也呈现出不同程度的递增。从这些分析能够看出，第三方支付平台的服务水平正在逐步提高。应用越来越广，给消费者通过网络进行购买等活动提供了很大的便利，增强了消费者购买商品的意识。随着支付宝和微信等功能的不断完善，其在年轻群体中渐渐成为一种时尚的消费方式，其使用群体逐渐递增。

随着移动终端资源和 4G 网络的快速发展，互联网接入呈现出多样化和简单化的趋势。传统的计算机网络已经逐渐被移动电话和平板电脑等取代，利用这些设备可以在互联网上搜索餐饮概况（包括搜索、预订、评分、配送等）。随着网络经济浪潮的到来，新型的食品消费形式已经成为一种新的消费形式和消费的大趋势。人们可以使用移动客户端、团购网站、微信等新的信息系统，足不出户就可以在网上进行订餐和支付等功能。在生活服务行业中餐饮类服务是首要任务，其使用频率最高，是"最常被要求的"需求。因此，未来 O2O 服务有可能会将大部分资金规模用在网民的范畴中。

二、互联网引发的商业变革

互联网一直是创业和财富热土，现在它有了更深远的"互联网+"战略意义。2015 年，我国政府大力推进"大众创业，万众创新"，《政府工作报告》将"互联网+"正式纳入国家战略。2015 年"互联网+"引领了中国创业创新的浪潮，创业者层出不穷，商业模式创新不断。2016 年"互联网+"势必也将继续渗透到传统经济和新经济的各个领域。

"互联网+"究竟是什么？小米创始人雷军曾经发博称："李克强总理将这份报告称为'互联网+'，意思是如何利用互联网技术和互联网思维，将实体经济结合起来，帮助改变实体制度，增加价值，提高效率"。很明显，"互联网+"和 O2O 的本质趋于一致，都强调将互联网(Online)与实体经济(Offline)

进行融合互动的同时，促进后者的转型升级，但"互联网+"被赋予了更广的意义。

彼得·德鲁克，现代管理学之父曾说过："当今企业之间的竞争，不是产品之间的竞争，而是竞争。"伴随着市场经济的发展，不仅是产品、技术、服务、管理、人才等方面存在竞争，一切都需要以一种有形的模式存在或出现。商业模式，可以说是为了给企业带来利益且越赚越多的赚钱方式，主要有销售模式、运营模式、资本模式三种模式，其核心在于对资源的有效整合。随着计算机科学技术的发展，互联网作为先进的商业媒介已经形成了互联网商业模式。

在"互联网+"时代，企业的四大经营模式（商业模式、管理模式、生产模式、营销模式）中，最主要的便是对商业模式的互联网化，即运用互联网的平等、开放、协作、分享精神对整个商业价值链进行颠覆和重构，目前商业模式主要有六种。

1.工具+社群+商业模式

互联网加速了信息的交流方式，使越来越多志同道合的人聚集在一起，构成了社群。同时，通过互联网可以将零散的信息聚集在同一个平台上，从而形成新的、共同的需求，达到一定规模，体现重聚的价值。

如今的互联网正在向新的商业模式，即"工具+社群+电商/微商"的混合模式发展。例如微信最初只是一个社交通讯工具，首先利用各自工具属性/社交属性/价值内容的主要功能筛选出海量的目标用户，之后移入朋友圈点赞与评论等社区功能，继而增添了微信支付、精选商品、电影票、手机话费充值等商业功能。

是什么原因导致了这种情况的出现呢？通常来说，工具就像一把具有锋利刀刃的刀，它能够根据用户的痛点需求，作为流量的切入口，却无法沉淀有效粉丝用户。社群是关系属性，用来沉淀流量；商业是交易属性，用来实现流量价值。三者从外表看是不同的，但内在融合的逻辑是一体化的。

2.长尾型商业模式

克里斯·安德森提出的长尾概念，描述了媒体行业从面向大规模用户销售少数拳头产品，转变为销售庞大数量的利基产品，虽然每种利基产品智能带来小额收益，但其产品销售总额却可与传统面向大量用户销售少数拳头产品的销售模式相媲美。通过 C2B 使大规模个性化定制成为现实，关键是"多款少量"。所以，长尾模式不仅需要低库存成本，还要拥有强大的销售平台，并使兴趣买家易于实现对利基产品的获取，例如 ZARA 等。

3.跨界商业模式

马云曾说过这样一句话："如果银行不改变，那我们就改变银行。"于是余额宝问世了，余额宝上线半年，其规模就已突破 3000 亿元。还有小米，其不仅生产手机、电视，还涉及农业、汽车及智能家居。

互联网是如何在短时间内对传统行业进行颠覆的呢？颠覆的实质在于其利用高效率来整合低效率，对传统产业中的核心要素进行再分配，也是构建新的生产关系，以提升系统的整体效率。互联网企业在减少中间环节的同时，缩短了产品到达客户的过程，既提高了效率，也降低了成本。因此，互联网企业只要能抓住传统行业价值链条当中的低效或高利润环节，充分利用互联网工具和互联网思维建构新的商业价值链，就有机会获得成功。

4.免费商业模式

网络时代是一个"信息过剩而注意力稀缺"的时代，怎样才能在过剩的信息中获得有限的注意力，便成为网络时代的关键所在。由于注意力稀缺，互联网创业者们绞尽脑汁去争夺注意力资源，而对于互联网产品而言，最关键的便是流量，只有在流量的基础上才能够构建自身的商业模式，所以说互联网经济是建立在吸引大众注意基础上，创造价值并获得营利的。

很多互联网企业通过免费赠送优质产品吸引了很多用户的注意，然后向不同的用户推荐新的产品和服务，重新构建新的商业模式，例如 360 安全卫士、QQ 用户等。互联网之所以可以颠覆传统企业，其主要采用的方法就是在传统企业获益领域举办免费活动，进而将传统企业的客户群带走，转化为自身的流量，再采用增值服务来获利。

若有一种商业模式既能在未来市场中占有统摄地位，又可以对当前市场模式进行摧毁，那一定是免费的模式。在《免费：商业的未来》中，信息时代的精神领袖克里斯·安德森总结得出基于核心服务完全免费的商业模式有四种，即直接交叉补贴、第三方市场、免费加收费、纯免费。

5.O2O 商业模式

在 2012 年 9 月互联网大会上，腾讯 CEO 马化腾在演讲中提到，移动互联网的地理位置信息给市场经营模式带来了新的机遇，即线上到线下（O2O），O2O 的关键入口是二维码，它可以将处于后端的丰富资源置于前端，移动开发者必须具备 O2O 和二维码的基础能力。

狭义的 O2O 是指通过线上交易、线下进行体验的一种商务模式，其含有两个情况：一是从互联网到实体经营，用户在网上购买了服务后，就去实体店享受服务，这种占大多数；二是从实体经营到互联网，用户在线下商店进行体验确定目标产品，再通过线上下单采购产品。

O2O 还具有广义的一面，即通过融合互联网思维与传统产业，实现线上与线下无界限发展，使线上线下、虚拟实体进行深度融合，其核心是基于平等、开放、互动、迭代、共享等互联网思维，利用高效率、低成本的互联网信息技术，改造传统产业链中的低效率环节。

O2O 的核心价值在于对线上、线下渠道的优势进行充分利用，让顾客体验渠道购物模式。其线上价值在于方便用户随时随地购物体验，提供的商品种类丰富、不受时空限制。其线下价值在于提供即时可得的实体商品。由此可以看出，O2O 应实现线上与线下服务渠道的无缝对接，让顾客体验到各自的价值所在。

6.平台商业模式

平台商业模式的中心任务是打造线上的服务平台，提供的产品呈现出多元化及多样化，更加注重用户的体验及产品的闭环设计。

首先，开放式平台，集全球各种资源于一体；其次，实现全员参与，使用户和企业间无距离感。互联网时代下，用户的个性化需求越来越多，单凭企业自身所具有的资源、人才和能力去满足用户的所有需求是不可能的，这就要求各行业要突破边界限制，构建更大的商业生态网络。通过平台迅速聚集各种资源，对用户的多元化需求进行满足。平台的宗旨在于打造一个多方共赢互利的生态圈。而对于传统企业来说，特别是中小企业，不要盲目经营平台，追求产品的多而全，而应集中自身资源优势，打造自身产品和服务特色，精准定位目标用户群，针对目标客户设计极致产品，以最快的速度打造自己的商业品牌。

三、互联网金融生态系统

(一) 互联网金融生态系统概况

关于金融生态,国内学者有过众多研究。但对于金融生态内涵的表述各不相同。有人将金融生态看作金融业的外部环境。比如周小川(2004)指出,金融生态就是指微观层面的金融环境,包括法律、社会信用体系、会计和审查标准、跨部门系统、公司改革的发展状况和银行与公司联系的进展等。经济政策的关键要素是司法制度,其次还有市场体系及中介服务体系的完善程度。企业改革也是对金融生态进行改善的重要方面。徐诺金认为,金融生态是指不同金融机构与生存环境和内部金融机构之间,在维持自身生存和发展的基础上建立的长期关系和相互作用。它们具有一定的特点和功能,具有相互作用和协同作用,能执行一定的动态平衡体系。这个论述把金融生态升华到系统的本义,遗憾的是这样的金融主体仅局限于金融组织。

随着互联网金融在我国的不断发展,萌发出了各种新的互联网金融主体和模式,构成了新的互联网金融生态系统。我们可通过对生态学方法和成果的分析来考察我国互联网金融体系。互联网金融生态系统也可概括为在一定时间和空间范围内,互联网金融市场、互联网金融机构、互联网金融产品要素之间及其与外部制度环境之间进行相互作用,通过互动与合作,形成一个具有一定特点和运行安全的平衡系统。因此,对网络金融生态体系的改进与优化需要从有关互联网金融生态外在环境、互联网金融生态主体(金融机构)、互联网金融生态调节机制三个主要方面的完善入手。谢太峰(2006)将金融生态界定为:通过金融组织内外部相互作用、相互影响而形成的相互依赖的动态平衡系统。

互联网的金融生态架构可以简单理解为各种在线金融公司聚集在一起,以生存和发展自己。从长期角度来看,各类互联网金融活动主体之间、互联网金融的主体和它本身的外部环境之间的密切联系和协同作用将形成一个具有某些设计特点和发挥某些互动与合作行动的强大平衡体系。因此,对金融生态系统的研究主要基于金融生态环境、金融生态主体、金融生态调节三个主要方面。一个有效的金融生态系统一定是在这三个方面符合生态系统特征的体制。

1.价值链的内涵

国内外相关学者对价值链进行了一些研究。与国内研究结果相比,国外政府对价值创造的重视程度较高。他们认为,越来越多的公司加入了目前供应商、客户和网络竞争对手公司的结构之中。在专业的制造和服务配置下,借助特定的价值转移体系,在相应的管理框架下,将价值链中不同阶段和相对减少的企业和相关利益结合起来,创造客户盈利能力。企业竞争优势来源于其最终能够给客户带来价值。竞争成本可以转化为两个方面,即成本动因和差异化分析。在中国,重点主要放在行业之间的联系上,人们认为产业基于前后向的关联而形成的一种结构被称作产业链。产业链的本质是产业关联,产业关联就是将各个行业之间的供需、趋势和生产联系在一起。从专业的角度可以看出,互联网金融产业链可以看作是一个网络,在这个网络中,各方相互竞争相互合作,共同创造客户价值。

目前来说,中国在互联网上形成了一个金融信息价值链。银行与银联、非银行金融机构、互联网公司或电子商务企业、移动支付平台、互联网设备和相邻设备的提供商、网络用户等利益相关者共同合作,创造用户价值。制造业的产入和产出也是通过竞争与合作以及与投入挂钩的成本和结果满足所有各方的需求和供应。互联网金融业网络的存在是基于行业内部的分工,而下游依赖于上游提供的产品和服务,实现增值目标。价值增值存在于每一环节对消费者的需求予以满足。最终用户对企业提供的产品或服务表示认同并愿意支付相应价格。企业内部的特殊分工,在体现增值效益的同时,也能保证利润的增长;企业任何增值环节的"链接"和延伸,都需要协调。最终需求的转移或让渡,都促进和推动了互联网金融市场的发展。

2.互联网金融产业链的构成

(1)传统银行和银联。互联网金融的发展暴露了传统银行和产品的不当操作,对其储蓄、小额贷款、汇款和支付业务产生了严重影响,成为传统银行和产品的瓶颈。2013年,银行开始积极寻求改革,建立自有生态体系和自有渠道，获取海量用户和交易数据，意在发展互联网平台衍生的金融业务；借助社会化网络和电子商务的渠道，银行正在拓展客户服务和业务管理体系，并根据渠道特点，推出专业化产品和服务，如微信银行等。民生直销银行与阿里巴巴合作，学习了互联网金融的知识和精神。银行摒弃自身信息不对称的缺点，以用户为中心，发挥旗下业务的协同性，积极研发创新产品，如广发银行的智能金账户和工商银行的逸贷等。

（2）银行以外的金融机构。银行以外的金融机构依靠互联网平台与互联网平台在渠道和商品上形成协同效应，并从网络巨头那里获得金融技术和账户输出。证券行业和保险业就是例子。证券互联网业务已通过开展网上交易、网上营销和网上服务，深化网络应用，创造新的商业模式。例如，华夏基金依托支付宝平台、微信财付通、天弘基金等移动支付平台，以及工银瑞信等银行系统，也在不断探索自主互联网金融服务创新。互联网金融在保险业也是一个新的发展，更需要挖掘和设计基于互联网的产品信息，实现自动获取、自动应用、营销推广和风险管理。例如，众安在线保险公司为淘宝卖家开发了"众乐宝"产品。与传统保险公司和保险网上销售业绩相比，众安在线不仅对渠道进行了迁移，而且还对产品及模式进行了突破，其只针对互联网经济的参与方作为目标客户，为保险业的互联化树立了榜样。

（3）互联网公司和电子商务公司。电子商务平台的出现为互联网金融的兴起打开了方便之门。最开始的电子商务平台主要运行在金融服务体系中，以移动支付系统为主，作为银行等金融机构的渠道，主要提供支付平台和供应商担保服务。支付宝和财付通等服务也是如此。随着传统企业在移动支付业务上的竞争逐渐变大，电子商务企业开始开发高效的支付业务渠道服务，使得支付账户中的闲置资金可以用来进行理财。同时，由于其在支付设施上的巨大优势，移动支付企业获得了一些银行无法获得的信息资源。通过一些银行后台化，他们利用这些信息分别生成小额信贷、贷款信息服务和货币产品。像快钱、易宝等支付公司甚至建立小额贷款和保险理赔系统，扩大互联网金融的范围。电子商务企业如京东和苏宁云商等已经成功建立了金融机构，为整个金融体系的上下游提供财富管理和投资以及供应链金融服务。2013年，电子商务平台的支付、基金、保险代理、小额贷款等金融服务快速启动，增强了平台用户的黏性和流量变现的能力。因此，电子商务具有渠道金融服务和独立金融服务两大功能。于是其他互联网公司也纷纷效仿，进而导致了一系列反应。百度根据自身的收费特点，提出了"百发"和"百赚"两种货币盈利管理体系，腾讯也将微信的收费重点放在了自我理财管理上。汇付天下与易宝共同为客户建立了生利宝和安逸宝。股票型资源、信托、保险、P2P贷款，甚至金融服务也都屡见不鲜。电子商务和互联网公司通过这些方式收集了众多用户，使用户对其支付工具和产品产生了依赖。

（4）互联网软硬件提供及周边分销。上述行业领域的软硬件提供商和商业运营位于该行业的上游地位。它们是互联网金融市场的工具。硬件组件通常包括个人电脑、智能手机、平板电脑和网络设备，这些网络产品智能化、高品质、安全有效。软件提供者一般是指平台或平台外的第三方开发机构。由于互联网巨头的重视，几乎所有的商业软件都已经成为或正在加入大型平台，进行自己的软件开发。应用软件的价值对于用户快速实现对服务的操作和访问，获取基于这些服务的收益具有重要意义，而免费互联网应用之间的竞争也渐渐激烈，软件产业如何获得收入结构还需要进一步的研究。上游企业所需的硬件和支持平台主要由周边设备供应商提供。

（5）网络运营商。互联网金融的快速发展主要依靠互联网和信息技术的支持。互联网金融的发展，特别是移动金融的发展，对于互联网机构和互联网用户、企业软件供应商和供应商周边设备的支持至关重要。平台运营商不仅为互联网金融提供专业、主动的互联网产品和服务的互动，在移动支付和近场支付中也发挥了积极作用。2013年，近场支付系统推出了移动支付系统，使 NFC 近场支付的便利性得到了进一步提升，促进了产业链的协同发展，但因受限于应用服务的缺乏和用户行为的长期变化，NFC 支付还不太成熟。随着外围设备、软件供应商和服务的不断进步，出现了二维码交易、人脸识别、声波交易等新兴技术，改变了近场支付的应用现状。该应用的进一步发展将使近场工资支付和互联网远程支付系统成为移动支付系统发展的重要方向。

（二）互联网金融生态系统发展现状

1.互联网金融生态主体

互联网金融生态主体既有金融中介体和金融市场，又有个人、企业、机构和政府，还有金融监管机构和中介服务机构。互联网金融生态环境是指金融运行基本环境，包括法律制度、企业诚信、征信体系、会计与审计准则以及行政制度等内容。在具体的金融领域，各种互联网金融活动结合起来，实现了资金从供应商到最终需求的让渡或转移，促进和推动了互联网金融市场的发展。

互联网金融消费者在互联网金融生态系统中占据中心地位。随着对金融服务需求的增加，快速支付、舒适的投资做法、较低的投资门槛、高水平的自由投资、相对较高的增长率和舒适的小额融资已成为消费者可利用的条件。融资用户需要通过手机对标准服务进行微调和再加工，如提供快速支付和执行、融资、报废票据、软件、后台、数据处理、风险管理、查询分析等服务。消费者不再依赖于大型产品。大多数中小客户的范围更广，需求更多样化，个性更强。金融机构仍然是互联网金融的主要动力。通过网络化，银行开始在商品和服务方面进行创新，比如开放网络银行，增加社交网络和电子商务业务，建立自己的电子业务，比如建行的"善融商务"。可以说银行是网络金融业务的来源、途径和后台支持。银行以外的金融机构利用互联网的力量，在渠道和商品上与互联网平台形成协同效应。互联网金融的兴起源于电商平台，目前已经采取了两项行动：渠道金融服务和独立的金融服务。货币型基金理财产品、保险以及 P2P 贷款，甚至线下金融服务中心，积累了大量用户，增加用户对金融工具和商品的关注度。互联网金融具有很大的潜力，网络账户和相关供应商主要为其提供信息技术支持。同时，他们还在手机、近场支付、二维码支付、扫码支付、声波支付等方面逐步渗透互联网上的金融商品和服务。互联网金融的监管部门由中国人民银行、中国证券业监督委员会、中国银行业监督委员会和中国保险业监督委员会组成，采取业务归口的管理方式。互联网金融协会等商业协会也在逐步成立，发挥行业自律的作用。

2.互联网金融生态环境

（1）法治环境。目前，我国互联网经济尚未形成一套具体的法律法规，但这也不代表孤军奋战。网络金融是在信息技术支持下发展起来的一种新型金融形式。互联网金融生态主体的设立受到《公司法》《公司登记管理条例》的普遍制约。行业的基本法比如《贸易法》《安全法》《信托法》《保险法》等基本业务规则，以及互联网金融交易的相关规定，也同样适用于互联网金融。如中国人民银行《电子支付指引（第1号）》和《支付清算组织管理办法》（条款草案），银监会公布的《电子银行安全评估指引》《支付机构客户备付金存管暂行办法（征求意见稿）》，证监会推出的《证券投资基金销售机构通过第三方电子商务平台开展业务管理暂行规定》，保监会《关于促进人身保险公司互联网保险业务规范发展的通知》（征求意见稿）等，也是各种金融新业态必须遵守的。就如早期的支付宝，也仅仅定位于支付担保，直到2010年获取牌照后，才名正言顺的开展移动支付业务。

（2）信用环境。信用环境是一个信用制度完善、社会成员信用普遍良好的系统。影响信用环境的因素有社会的信用状况、信用文化、信用信息系统等。大规模的社会信用在网络金融的信用环境中有着举足轻重的作用。虽然现在我们国家的整体社会信用状况还缺乏合适的标准和评价方法，但传统金融领域银企关系失调、小微企业贷款难、骗贷、民间借贷老板跑路、证券市场信息不透明和投资者信心缺失等现象，这反映出我国整体社会贷款的信用情况不甚乐观。当然，社会信用和信用文化之间有千丝万缕的联系。强调诚实、规范行为、遵守法律的借贷减少了道德风险的可能性。网络金融是一种流行的非定义金融，它受到贷款过程的严重影响。现行的央行贷款信息系统是我国主要的贷款信息系统。与此同时，互联网公司和第三方信贷机构拥有的大量商业数据、小额信贷情况和P2P贷款情况，形成了另一套只为个人或互联网公司服务的贷款报告系统。如2012年12月，陆金所牵头成立了网贷联盟，并推出了网贷黑名单。

（3）监管环境。我国目前的金融监管机构包括人民银行、银监会、证监会、保监会、工信部、商务部、工商总局等相关部门，金融业务主要由一行三会监管，互联网企业、电子商务平台业务则由工信部和商务部实施监管。

比如互联网企业在申领 ICP 许可证需要受到工信部门的监管，经营范围增加互联网信息服务时则受到工商部门的监管，其交易行为受商务部监管。这些部分主要监控在线金融的某些方面，目前我国尚缺乏对互联网金融业务进行全面监管的机构。由于互联网金融是由网络与金融服务相结合形成的成长型企业，有其独特的跨界性和创新性的特点。例如，P2P 平台所从事的借贷业务并不在金融机构的范畴内，他们在股权比例和贷款比例方面缺少监管，因此享有类似的制度和监管。当前中国互联网融资监管环境缺乏严格监管，这一方面有利于创新，另一方面却导致了潜在风险的存在。

3.互联网金融生态系统的相互作用

（1）互联网金融生态各个主体紧密相连。首先，互联网金融中的各个生态参与者之间存在着同样残酷的职业竞争。银行业之间的竞争不仅存在于传统的金融企业领域，也存在于新兴的金融领域。目前，银行在电子商务方面的服务内容大致相同，大部分都是基于 B2C 的思路，发展至现在同时拥有 B2C、B2B，类似的竞争也很明显。在存款和贷款的交易方面，可以同时给消费者办理贷款、准入金融、定购贷款业务以及电子商务部门的个人和企业的其他服务，同时也可以提供结算功能，这也等同于竞争。电子商务和互联网公司之间的公平竞争与银行没有很大差距。移动支付业务在市场内地位的争夺也十分激烈。电商平台沉淀资金增值服务同质化竞争严重。自 2013 年 6 月余额宝上线以来，互联网公司、支付平台、社交平台均紧锣密鼓地推出全额宝、生意宝、收益宝、苏宁零钱宝、百度百赚、易付宝等 20 余种货币基金产品。互联网巨头的竞争已经涉及移动支付领域和移动支付入口，如微信、支付宝、百度、新浪手机钱包产品等。

其次，网络金融的各个生态参与者之间也都竞争激烈。传统金融机构与成长中的互联网公司之间存在着激烈的竞争。竞争的核心是金融市场份额的重新分配、金融模式的重新创建和金融市场的建设等。银行业的存款、贷款和货币兑换业务首先受到撼动。目前，银行存款量迅速减少，每天减少达数千亿美元，这又导致新增贷款规模逐渐紧张。而余额宝的却以每分钟 300 万元的速度净增长，且大部分资金来源于银行对资金的撤销。此外，阿里巴巴、腾讯和百度在收集了银行内零散用户的活期存款情况后，普遍同意"大量用户+货币基金"的模式,然后通过协议将存款转手卖给银行,对银行来说,其吸储成本大大增加,进而缩小了息差。此外,阿里小额贷款、P2P 也给传统银行的贷款业务带来了冲击。截至 2013 年底,小客户和阿里巴巴小微贷款企业已达 64 万户,贷款总额超过 1500 亿元。人人贷、网贷之家等 P2P 网站也在不断冲击着银行的业务。

互联网金融产品在体量和市场份额上尚无法与传统金融机构竞争,且传统的金融公司也有着巨大的贷款潜力。它能用于流动性清算的嵌入式系统、结算操作、支付操作以及信息技术和巨大销售设施的贷款。网络金融若想在短期内动摇传统金融业务的地位是不可能的。然而,网络金融由于自身的便捷性吸引了许多投资者的加入,许多金融巨头都期待与互联网企业进行合作。2013 年 6 月,中国移动、中国电信、中国联通和中国银联根据各自的行业成本设计了自己的 TSM 平台,以支持 NFC 短期支付链的发展。eBay 与中国平安旗下的平安金科联手推出"贷贷平安",借此为 eBay 卖家提供无抵押、无担保的信用贷款。2013 年 9 月,支付宝宣布将与民生银行展开合作。平安银行微信和交通银行微信已经建立。中国银联与新浪及其子公司新浪支付科技有限公司就共同构建网上支付生态系统达成三方合作。微信支付接入中国财富货币基金理财通。此外,其他生态主体也一直在寻找更多的合作创新,包括支付应用程序和商业模式,以支持买家和个人用户的多样化和个性化支付需求。生态系统内各主体之间的合作可以说是蒸蒸日上。

我们不相信互联网未来的金融格局会是生死攸关、有你无我的。相反,它将是金融公司与互联网公司之间的一种联系。在互联网时代下,消费者的需求呈现出多元化的趋势,日益呈现出多元细分的消费诉求,各类生态主体都在针对自己的优势寻找适合的目标用户。因此,不同的企业在竞争的同时,会根据自身的优势进行有效的交流与合作。互联网金融机构称,随着一些新技术和商业模式的创新,金融和互联网公司以及各种子行业之间将不会存在明显的界限,这有助于整合各种环境的利益相关者。它的商品和服务不再受到传统限制,而是你中有我我中有你。比如,银行业开始涉足电商和新兴互联网金融业务。从平安银行推出"平安盈",到农行仿效"余额宝"增添即时赎回功能,发展到中信银行与腾讯财付通联手推出电子商户凭商誉授信,以及工、农、中、建、交五大行涉足电商领域。其意图是以电商平台为基础，掌握客户海量数据，将支付、信贷、理财打通，形成资金闭环。与此同时，电商平台和互联网企业则进一步在银行业的传统领域跑马圈地。阿里、京东电商建立金融集团，抢食产业链金融业务盈利点。在行业监管政策逐步开放的背景下，电商企业纷纷加大金融领域布局。"电商+金融"服务模式，能够掌握产业链资金流状况，形成供货—销售—融资—结算的优质闭环。证券业不甘落后，华创证券推出"华创证券网上商城"，进军购物网站。在未来发展中，这种综合生态将越来越明显。

（2）互联网金融生态主体与金融生态环境的关系。首先，金融生态环境制约着金融生态主体的发展，良好的金融生态环境对金融生态主体本身的生存和发展至关重要。在金融生态环境下，金融生态主体的生存和发展必然会受到金融生态环境的约束。好的金融生态环境将有助于互联网金融的发展，否则将限制其发展。这种约束对创新也会具有激发作用。约束诱导性理论的代表人物威廉·L·西尔柏认为，这种约束体现在两个方面，一方面是指外部约束，主要是来自政府等监管机构的管制。另一方面是内部约束，来自金融企业制订的利润目标、增长率、资产比率等。例如，中国证监会2013年出台的《证券投资基金销售机构通过第三方电子商务平台开展业务管理暂行规定》中，第三方电子交易平台可以在规定的条件内进行销售业务，如淘宝网、京东、天猫等。许多公司参与了保险业务，并为在线销售市场提供了大量资金。支付宝2013年曾大力拓展线下收单业务，触摸政策红线，被监管部门紧急叫停。为了聚集资金，防止变相吸储的风险，阿里巴巴和天弘基金将余额宝投放到市场。根据这些我们可以清晰地看到，金融生态主体的发展受到互联网经济可持续环境的限制。

其次，互联网上的大部分生态系统都起着支撑环境的作用。网络金融的生存竞争状态不仅是对可持续环境的适应，也是环境变化的关键因素。随着互联网金融的不断发展，普通银行业经历了重大变革，弥补了普通银行在财务分析效率和信息集成方面的不足，开辟了销售和展示保险、基金和理财工具的新途径；加快电子商务与传统金融的融合，不断更新服务模式，提高了其效率。移动支付具有流通性、成本低和方便交易的特点。它对传统意义上的货币具有替代性和快速性的业务影响，其对货币政策传导体系和货币政策传导效果的影响不容忽视。P2P业务的发展历程也反映了金融主体对环境的反作用。2013年因监管缺位，P2P平台数量如雨后春笋般遍地开花，借贷交易规模迅猛增长，但信用环境未能支撑其高速发展，下半年P2P领域倒闭跑路现象集中出现，中国银行业监督管理机构发布了《关于人人贷有关风险提示》的通知，根据人人贷企业面临的潜在风险和问题，银行金融机构必须采取积极可行的措施做好风险预警、监控和防范工作。此事也推动了行业自律机构的建立。

（三）互联网金融生态短板及维护措施

1.互联网金融生态的短板

第一，互联网金融生态主体不够丰富和成熟，同质化竞争严重。互联网技术的迅速发展促进了所有机构和行业的进步，也同时改变了人们传统的生活方式。消费者为满足自己的金融需求，越来越广泛地接受金融机构和互联网金融企业所提供的金融服务，这些需求加速了市场的细分。与此同时，根据客户需求进行的市场细分，大力推行差别服务，为重点客户提供个性化的服务，这就要求市场要有充足的提供方。然而，基于目前互联网的金融机构仍然无法满足越来越多的消费者对商品和服务的需求，而各生态主体对于能够提供的商品和服务还处于探索期和发展期，缺乏市场开拓和风险控制。相反地，有限的产品和服务一经推出，往往出现白热化的同质化竞争。自支付宝推出余额宝服务以来，已有像定期宝、现金宝、苏宁零钱包等这样的货币基金产品多达20余个。但它们在本质上基本一致，主要区别在于收益率的不同，有的收益率甚至比货币本身还高，它通过补贴吸引了人们的注意。银行、外部公司和对冲基金等传统金融机构的新业务模式是相似的。比如网上银行、手机银行、电子商城、微信平台、银行微博等都发生了变化，把这些新的业务领域变成了一片红海。

第二，互联网金融生态环境较差。这主要表现在以下三个方面。

（1）法制不健全，行业缺乏自律。互联网金融业态具有跨界发展趋势，其发展态势不可预知，导致现有法律体系很难跟上其发展步伐，这就为互联网金融企业打"擦边球"获得制度租金提供了机会,也让一些非法企业得以非法经营。虽然我国现阶段实行严格的分业经营与监管体制,法律体系也与之配套,但是互联网金融的创新实际上已经开始打破这种局面,这就需要我国的法律体系相应作出调整,需要对互联网金融的合法性、网络交易的权利和义务、相应的互联网消费者权益保护等方面作出明确的法律界定,以优化生态金融发展环境。

(2)征信体系不完善。从整个消费者融资的角度看,居民消费信贷环境复杂,信贷体系本身不完善,信贷使用观念有待提高。与传统银行相比,开展网络信用服务的机构没有完善的风险管理机制,与央行信用担保体系没有建立联系。只是依赖于大数据开展小微和个人信贷业务,信用环境的确令人担忧。事实上,除了阿里小贷,其他网络信贷也的确因此受到较大影响,比如,P2P网络贷款多为无抵押、无担保的信用借款。此外,其借款方多为个人或中小企业,按期履约的信贷比例较弱且失信成本较低,一旦经营遇到巨大困难,将出现跑路倒闭潮。而我国目前的征信系统数据获取能力较低,可以公开获得的信息少之又少,与发达国家信用体系相比差距较大,个人或企业的网络信息行为数据被互联网公司获取,如海量电商交易信息、线下收单信息、社交信息、供应链信息与企业ERP信息和其他元素没有所需的结构。

(3)监管体系不完善。中国目前尚未制定互联网金融领域的监管框架。首先,没有明确的管理机构。中国至今还未明确具体部门对互联网金融企业执行监管,仅仅只是从业务领域来划分监管归属。在互联网金融相关产品不断创新的环境下,很容易出现所谓的"三不管"地区。其次,缺少多层次的监管体系。借鉴发达国家对互联网金融的管理经验,我们要建立包括政府部门监督管理、企业自律、公司风险管理在内的统一监管体系。但是,这种监督体系在我们国家还没有实现。最后,监管的评价体系尚不完善。由于互联网金融资源的跨界化和新趋势,其产品和服务具有自由化的特点,缺乏现有的政策约束,比如P2P,监测指标都处于摸索中。

2.互联网金融生态系统维护措施

(1)加强生态主体建设。一个完善的生态系统,一定具备丰富的物种,每个生物在生态系统中都扮演着特殊的角色,是作为一个单独的环节存在于生态系统中的。同样，只有互联网金融生态系统丰富多彩，经济主体多元化，才能充分发挥其功能：合理配置资源、提高市场效率、增加信息分类、提供合理的风险预估等。不管是移动支付、电子商务平台、互联网公司、传统银行、影子银行、P2P网贷平台、众筹，还是网络业务及周边软硬件产品等，它们在互联网金融体系中都处于独特的地位，并发挥着自身独特的功能，达到和谐共生。互联网金融主体只有在竞合共生的环境下，才能发挥出市场的功能，推进优胜劣汰制度创新，促进互联网金融业健康完整发展。例如，商业银行可以为高端客户提供专业化服务，由其他生态主体提供普惠金融服务。对互联网金融生态主体的建设既需要宽容与呵护，又不能违背生态系统的法则。

（2）加快互联网金融法制建设。互联网金融体系的核心是金融市场，其核心是金融风险的配置和管理。在互联网金融机构的设立、准入原则、公司治理、风险管理、监管、银行清算、兼并重组等诸多领域，亟待提升和完善监管体系。一是制定或修改互联网金融体系的相关规定，包括修改《信托法》《保险法》《赔偿法》等重点条款，建立互联网金融体系的法律监管框架。在互联网上，部门监管为企业环境安全管理提供了依据。二是制定网上银行业务规则、操作规范和运行机制，稳定对其具体业务的监管。比如P2P网络贷款平台、移动支付、互联网融资、用户权益保护等都需要依据法律制度进行。

（3）加快信用信息系统建设。互联网金融以信息技术为载体，具有开放的平台和普惠的特征。它没有现实的物理财产信息和交易信息，甚至身份认证都存在不确定性，因而在支付和信贷等活动中，其风险控制既有难度又较为复杂。首先，亟需"三网合一"，打造完善的征信系统。即中央银行的信用信息系统、电子商务和网上信用网站等信用信息系统，建立网上信用机构对接机制和信用交流信息系统并直接接入中央银行信用信息系统建立信息披露制度。这将节省大量资金，并创建一个完整的信用信息服务体系。其次，建立信用担保体系模型。集成方法用于收集、使用和传播公司和个人信息。尤其是电子商务和P2P平台对历史运营数据有着巨大的价值。最后，逐步建立系统的评价指标体系。成立专业的信用评级机构进行信用评级，保障金融市场安全高效运行和整体稳定，为P2P不成熟技术和无技术能力的创业者提供技术支持，充分利用互联网金融行业的环境降低交易成本。

（4）加大监管力度。有效的互联网金融监管能够优化互联网金融生态主体结构、增强功能、改善生产效率，优化外部自然环境。加强互联网金融监管力度首先要建立明确的管理制度。由于互联网金融存在跨界性，比如人人贷，已无法实现单个部门对其实施有效监管，必须在原有监管机制上进行改革。最简单的方法就是专门成立一个机构，对互联网金融实施混业监管。如果短期内难以做到，也可以确定多个相关部门实施协同监管。协同监管的好处一是可以形成政策协同，二是可以形成监管合力，三是可以消除监管空白。其次，实行最优监管政策。Dewatripont利用水资源监控学校建立了一个"最优监管模型"，并讨论了在何时需要外部组件和调整的资金。互联网金融生态系统尚处于形成期，较为脆弱，应在充分尊重市场的前提下实行最优监管政策。只要互联网金融生态主体在不违反法律、法规和市场规则的前提下，不造成垄断，可以相应放松对其的管控。这样可以取得鼓励竞争、促进竞争、加剧竞争的效果，从而促进创新与发展，建立起维护金融生态环境的长效机制。最后，提高监控效率，完善信息系统。加强对网上金融潜在的风险问题监控，如事中、事后的监测检查，提高监管效率，及时排除隐患、披露信息，避免给生态系统带来破坏，健全诚信的监管机制。

（四）互联网金融消费者特征

1.消费者年轻化特征明显

中国互联网络信息中心的统计数据显示，我国20—29岁年龄段网民的比例为31.2%，在整体网民中占比最大，而低龄和高龄网民略有提升，这意味着互联网的持续普及化。

艾瑞调查数据显示，我国网上银行和手机银行用户以25—35岁的青年人群为主，占比超过50%，网银用户占比32.5%，手机银行用户占比38%，均位于其他年龄段榜首。31—35岁年龄段用户位于第二，网银和手机银行用户分别占比21.4%和22.5%。在年龄上二者用户都偏年轻化，但与手机银行用户相比，网银用户分布更为平均。

由此可见，中国互联网金融消费者的年龄与整体网民的年龄结构大致趋同，但略有上移，集中在18—35岁的年龄段，年轻化特征非常明显。

2.讲求便利与服务

高科技的发展带动了人们的生活节奏，消费者在日常购物时，不单讲求物美价廉，而且还要方便快捷，以节省时间，即求便动机。通过互联网人们可以享受足不出户的购物体验，这极大地吸引了一批生活忙碌的人们。互联网上商品一应俱全，搜寻简单快捷，不受时间和空间的限制。随着网上支付手段和货物配送方式的健全与完善，消费者可以在短时间内获得自己需要的产品。网络支付给消费者的生活提供了便利。现代运输技术的使用和运筹学中控制技术的引入提高了产品的交付率。通过网络，消费者不但能够对一件产品的价格和功能有充分的了解，还可以自己设定消费目标，选择最合适的支付方式。

3.注重用户体验

在互联网金融时代，消费者越来越注重个性化和良好的体验。在网络环境下，大大增加了消费者对商品和服务需求以及信息收集与售后反馈的主动性。消费者可以主动上网搜寻自己需要的商品，而不是被动地接受卖家提供的商品和服务，甚至可以要求卖家根据自身需求进行量身定做，以满足不同的个性化需求。用户体验是互联网生存和发展的基石，良好的用户体验首先需要全面了解客户自身的特点。网站不再有既定的中心，每个参与者都因有其自己独特的身份而成了互联网平台的中心，当然，主体在使用资源的同时，也留下了让其他人可以分享的信息。通过对这些数据源的收集、研究、存储、分析、扫描和整合，互联网机构可以更高效地获取用户信息，这比传统金融机构的数据源更具完整性和有效性。其次，好的用户体验需要根据用户信息提供有针对性的资源和服务。比如余额宝根据广大用户的需求，推出碎片化理财产品，这不仅大大降低申购金额门槛，还可实现赎回即时到账，良好的用户体验使得余额宝规模呈现爆发式增长。

4.长尾特征明显

长尾市场也叫作"利基市场"。在《营销管理》一书中，菲利普·科特勒对利基的定义是：利基在某些特定的群体中是一个较窄的定义。这是一个小市场，它的需求未获得较好的服务，或"有获得利益的前提"。一旦将这种利基产品聚集起在一起便可以形成一个规模庞大的市场，也就是说，当一个无限大的数乘以相对较小的数时，结果仍然是无限大的数。这一情况最初在网上金融界是引人注目的。网上支付和网上银行的用户规模庞大是互联网金融产品长尾市场的基础。传统金融机构如银行将关注的重点放在部分"VIP"客户上，"无暇"顾及人数居多的普通客户。据网民月收入调查显示，绝大多数的网上购物、网上支付和网上银行用户均为普通客户，基于传统的理财等金融业务并不能获得较高收益。长尾理论认为，众多的小市场通过汇集可形成与主流市场相匹敌的市场能量。因此中国拥有庞大的利基市场，长尾理论具有很好的群众基础，余额宝的天弘基金能在规模上位居第一就是很好的例证。P2P融资也反映了消费者的长尾特征，并且在最近几年快速发展。P2P融资表现在于：个人可利用"碎片化"的资金能参与以前只有大量资金才能参与项目，获取较高的收益。这种资金的"碎片化"是网上金融的特色之一。

一个金融长期市场有大量的普通用户和需求。这一市场的推动力意味着，那些以前无法使用金融服务的人也开始有机会不加区别地获取某种意义上的服务。

5.主权意识觉醒

消费者主权被看作是市场经济中最重要的原则，其最基本的权利就是获得公平的价格和选择。诺贝尔经济学奖获得者哈耶克把"消费者主权"定义为对买方市场中消费者和生产者关系的一种描述，即消费者依据自身所需到市场上进行选购，消费者通过自身的消费行为将其需求展现给生产者，这样生产者便可知晓消费者的意愿从而安排生产，满足消费者所需。

在互联网金融市场上，金融服务的用户使用他们的手段进行"投票"和行使主权，而这反过来又是一个问题，因为这会影响金融机构的各种供给。显然，由余额宝为代表的网上金融管理产品，使金融市场的部分信息不对称已经消融，并大大改变了过去的状况。人们觉察到金融服务消费者的主权正在苏醒，消费者的主权将不断扩大。这影响了中国金融业的发展。例如，"余额宝"的规模大幅度增加，互联网公司和许多银行也推出了类似的产品。与此同时，银行存款的增长率大幅度下降。

（五）互联网金融消费者需求

1.便捷支付需求

越来越多的用户开始选择网上支付，其原因有三个：第一，电子商务的快速发展，促使网上支付应用在网民中进一步普及；第二，多种平台引入了支付功能拓展了广大群众对支付渠道的选择；第三，互联网与传统经济结合更加紧密，加速了用户付费方式的转变。例如可以使用支付宝支付打车费用等。

基本金融业务非常重要，因为它们与许多其他金融服务联系在一起。在互联网的金融模式中，交易双方大多选择通过第三方来完成支付，以移动通信设备、无线通信设备所构成的移动支付手段占据了主要发展趋势。在云计算强大的信息处理能力的支持下，所有个人和机构均可在中央银行的支付中心开设账户，某种程度上对银行支付账户存在的必要性构成威胁。同时，通过移动互联网络也可进行证券、生活账单等金融资产的支付和转移行，支付清算完全电子化，取代了现钞流通。基于移动支付的效应，商业银行在正常范围内的效益逐渐变差。随着移动支付企业的持续创新和业务拓展，其支付场景由最初的电商支付逐步渗透到线上、线下一切涉及资金转移的多元化领域，包含网购、网游、充值、缴费、转账、理财等，成为人们日常生活中的重要工具之一。

2.网络理财需求

目前，互联网金融用户主要通过支付平台购买互联网货币基金产品以满足自身的理财需求。由天弘基金和支付宝联袂打造的余额增值服务——余额宝。它于2013年6月13日正式上线，仅数月其用户数已超越3000万，成为中国基金有史以来第一个规模突破千亿的基金，其巨大的规模及惊人的增长速度成为市场关注的焦点。通过余额宝，用户不但可以获得较高收益，而且可以在无手续费的情况下随时消费和支出。此外，用户还可以通过支付宝网站直接购买理财方面的产品，可以获得相对较高的收益。放置在余额宝里的闲置资金还可以随时进行网上购物、支付宝转账等支付操作。从余额宝转汇的钱将由证券公司在第二个工作日确认，将对方确认后的份额计算收益。

金融网络服务突破了时间和空间限制，向用户提供了最及时的金融产品和咨询服务。金融服务的核心是迅速和全面地提供信息。作为高速互联网信息，在这方面具有独特的优势。该门户网站的财务渠道和纵向财务门户提供了各种综合财务信息和及时的分类，为满足用户收集信息的需要、资本管理和分类信息管理产品的状况管理。互联网资本管理的基础是综合、一体化和提高生产力的能力，为用户提供最全面和专业的资产管理服务。互联网资本管理服务可以充分利用广泛的信息和强大的信息集合能力，可靠地比较信息，并通过互联网产品整合高质量的财务咨询服务，这将为更广泛的金融用户提供最专业的服务。互联网财务管理可以充分利用互联网技术，为用户提供经过充分调整的个性化服务。使用高级数据处理、智能数据分析等技术深入研究和分析用户的个性特征、行为模式、社会关系等，自动评估用户在风险、信用额度、投资类型和模式方面的偏好，并为用户提供个性化的金融服务。同时，利用分析和处理大量数据的能力，有效地积累服务经验，提高服务的准确性，可不断提高服务质量和用户对财务管理服务的满意程度，并使财务管理服务成为互联网用户的一种享受。

3.融资需求

在网上融资模式下，我们可以很容易地验证对应方的交易记录，找到适当的风险管理工具和风险分散化工具，深入分析信息技术数据，详细研究关于对应方的信息和提高资源分配的效率。互联网融资根本上是一种直接的融资方法。它可以建立直接联系和交易，形成一套完整的交易流程，没有金融媒体的参与解决供需关系问题是高效的。如公司融资和个人投资渠道。然而，根据这种资源分配方法，两个或两个以上的缔约方可以同时进行交易，同时进行完全的价格竞争，通过最大限度地提高资本效率最大限度地提高社会福利。

P2P 是一种基于互联网技术的贷款服务模式，它所呈现出来的是一种"爆炸式增长"。无疑与海量的投融资需求有关，小微企业及个人的融资需求难以在审查程序严格冗长的银行体系中获得，也难以通过信托、PE 等金融服务模式中获得，但从地下钱庄获得风险太大，亲友借款不可持续。而 P2P 模式下，资金的供求双方可通过标准的金融产品供应方式进行沟通和交易，突破了时空限制的同时，也扩展了业务范围，节约了线下交易成本，满足了"（期限）短、频率高、急"的融资需求；另一方面，出借人需要承担较高的信用风险，但 P2P 平台上的融资产品的收益水平往往较高，好在有平台能够为出借人提供贷后管理及对借款人资格进行审查，在安全性方面给予了充分保障，且 P2P 平台所提供的融资产品在投资金额和投资期限方面都更加灵活，从而成为大众闲置资金增值的好去处。自 2006 年宜信将 P2P 借贷服务平台引入我国以来，网络借贷在我国发展迅速，这主要得益于国内个人经营消费贷款以及个人投资理财的庞大市场需求，加上人们对互联网使用习惯的成熟和 P2P 平台自身实力的加强，互联网小额信用交易呈现出爆发式增长态势。

（六）互联网金融消费者消费心理与行为分析

1.互联网金融消费者消费心理

消费者心理是指消费者在购买商品或服务过程中的一种思维活动。消费者心理是复杂善变的，消费者购买商品或服务时经历如下心理过程：一是了解相应的商品或服务。它是用户获取、检测和理解对应产品的过程。根据心理学分析，这一过程包括消费者对产品或服务的感知、感觉、记忆、注意、想象和思考等心理过程。二是消费者对商品或服务的情绪反应。实际上，消费者在购买商品时并不完全理智，他们受到生理和社会需求的影响，会对产品带有一种浓重的情感色彩。情感是人们对客观顺从需求的感知体验和相应的行为反应。三是消费者对产品的最终抉择。即消费者在购买活动中经过对商品的思维过程后，在排除内外因素影响下，确认购买动机和理解购买目的的心理活动。在介绍这三个过程的同时，激发消费者完成购物活动。消费者的意识、兴趣、感受，还是会包含更多的自身因素。

在互联网金融领域，消费者在网上支付、网上理财、网上投融资方面的消费心理同样会经历消费者购买商品或服务时的心理过程。比如网络借贷，P2P 平台从事信贷业务的基础是信用，买卖双方基于信用融出和融入资金。但平台的投资方与融资方并不熟悉，投资者在前期必然有一个逐渐认识的过程。投资者往往会学习认识 P2P 模式，学习网络借贷的有关知识，了解网络融资者的基本情况并进行信用评估，在自认为对融资方已经充分了解的基础上，增加了信任度，从而采取投资行动，体验这种新型的借贷方式。消费者在这个过程中,对 P2P 平台融资的感知记忆思维等认识过程、投资心理过程、最后下决心投资的意志过程都必然体现出来。尤其是对对方信用的认知评估,心理活动可能更为复杂,信任成为消费者通过 P2P 平台开展借贷活动关注的重点。因为总是处于监控的灰色地带,网上信贷公司无法连接到中央银行的信用调查系统,它们不仅不能直接进入贷款研究系统询问借款人的贷款历史,而且也不能把借款人的记录纳入征信,令欠款人在商业银行系统内业务(如房贷、信用卡业务)遭受严厉的信用惩罚。因此 P2P 平台的信用来源仅仅包括资金融出融入方之间的信用以及承载在平台上的担保保障等相关服务带来的信用。这种从陌生到信任再到投资行为发生的心理过程,往往复杂且漫长。

2.互联网金融消费者消费行为分析

美国市场组织将消费者的行为定义为感知、理解、行为和环境因素的强大互动过程,这是人类商业行为的基础。用户行为有三个主要特征:第一,用户行为是一个强大的动态过程。现在是个人用户、用户群体和整个社会环境不断重建和发展的时候,用户的行为在一定的时间、产品和环境中会有所不同。第二,感知、知识、行为和环境因素在消费者行为过程中的一致作用。用户行为研究不能与理解、感知、行为、事件和与感知、理解和行为相关的环境因素区分开来,只是单独的研究某一个因素是不科学的。第三,消费者行为是人与人之间的交易。消费者行为是人类在生活中进行商业活动的基础,这与消费者行为和营销的定义是一致的。市场营销就是综合运用各种可能的市场营销策略和手就以促成交易。

在互联网金融模式下,用户行为也会影响感知、知识、行为和在线金融信息环境的过程。具体来讲,就是信息获取、分析评价、金融交易和网络交流沟通等行为。

消费者对互联网金融信息的感知、认知,主要通过搜索引擎、金融服务媒体、社交工具等进行。搜索引擎作为互联网基础服务之一,虽然行业已经发展成熟,但行业内部依然存在变化:行业层面上,各搜索引擎企业通过并购或入股等形式提升自身行业竞争力;企业层面上,手机网民的增长促使移动端入口争夺更为激烈;技术层面上,基于自然语言、语音、图片、二维码等搜索形式的技术发展。在整体搜索行业进入成熟期的背景之下,未来搜索引擎的持续发展还将取决于搜索结果安全性和用户信任度。互联网金融服务突破了时空限制，方便为客户提供最新的理财产品和即时的咨询服务。用户对信息的需求多通过门户网站的财经频道以及垂直财经门户对各类财经资讯、理财产品和理财分类信息进行全面、及时的整理。同时，互联网金融服务机构充分利用互联网技术的分析和定位，开发和聚集更多的小客户和潜在客户，根据他们的不同特点，为他们提供个性化、特殊化的服务，更好地满足他们的需求；利用大数据处理、数据挖掘等技术对用户的个性特征、行为模式、社交关系等进行充分挖掘分析，对用户的风险偏好、信用额度、投资类型与模式偏好进行评估，针对用户个性化金融服务需求推送相应信息。消费者可以运用网络搜索引擎对某一商品的性价比、售后服务、顾客评价等方面的信息进行更加全面地了解，而且通过网上购物，消费者还可以有效规避外界不良环境和人员的影响。借助网络系统强大的信息处理能力，海量的网络资源扩展了消费者对商品抉择的余地和范围，同时消除了地区、时间和其他条件的制约。网络消费者在选购商品时，除了关注商品自身所具有的使用价值，更加注重商品的象征意义，在追求实用性的同时，希望获取精神上的愉悦、舒适及优越感，以彰显个性。

消费者的互联网金融交易行为目前普遍通过银行、移动支付机构、电商平台、P2P平台、众筹平台等进行。将传统金融服务模式向线上转移是最基本的互联网金融服务方式。互联网金融服务企业用户最直接的来源是对线下用户向线上的转移，或对线上用户的直接开拓，以迅速开展线上金融服务业务。比如网银和手机银行，就是网购和第三方账户充值交易的主要手段，也是中国网银及手机银行用户最常使用的功能。

3.互联网金融消费者心理与行为的相互关系

互联网金融消费者心理是指用户在购买金融产品或服务时的一种思维活动。用户心理是针对存在于整个消费过程中的购买行为而发展起来的，它影响到购买订单后的相应行为，即消费者心理不仅影响所有消费者的决策，而且影响到未来的购买决断。互联网上的金融行为是指用户为满足其金融需求和愿望而寻求、选择、接收、使用、评估和利用商品或服务的活动和过程。它还包括一些影响这一功能和过程的因素。

互联网金融消费者心理与消费者行为间具有一定的联系，具体表现在两个方面：第一，互联网金融消费者的行为受到消费者的心理支配，由消费者心理可预测消费者有可能会发生的行为；第二，用户行为是在用户心理的控制下发展起来的，势必会存在一定的心理功能，同样，用户行为也可以在用户心理的基础上进行识别。消费者的消费行为表现受相应的心理活动支配，而消费心理借助消费行为体现出来。但并非所有的消费心理都能以消费行为体现出来，换句话说，心理并非完全由行为体现出来，但行为必然在一定的心理因素指导下产生，对消费者心理进行研究的目的在于掌握消费者的行为，从产生消费心理到完成消费行为需要经历激发消费欲望、消费目的和改变消费观念的过程，最终实现心理向行为的转化。从消费者心理学角度讲就是消费者购买决策的过程。消费者心理是伴随消费者购买决策整个过程的隐性（或消费者内在的）思维链，消费者行为是伴随消费者购买决策整个过程的显性（或消费者外在的）行为链。

第二章 互联网金融典型业务模式

第一节 移动支付

如今移动支付公司在线下 POS 市场竞争激烈，为了占领市场和利益最大化纷纷选择代理商模式，与直销模式渐行渐远。代理商模式虽然成本较低、发展商户较快、获得效益也较快，但是弊端也很明显，比如无法与商户直接交流、无法获取商户的真实信息、风险事件频发，以往传统意义上的营销商户已经变成了营销代理商。

一、移动支付机构

移动支付公司的组织架构，我们以支付宝为例。

（一）设总裁或者总经理办公室（为集团总部领导人员）

总裁办公室下设行政部办公室，管理日常琐碎事务，如所有人员的考勤和出差订票等。

（二）市场部

（1）分支机构管理部门：管理全国分支机构，用于协调全国分支机构和总部各部门的沟通。

（2）产品规划部：用于规划全国产品和营销方案的设计。

（3）集团项目部：用于全国的项目规划落地。

（4）商圈建设部：实现全国的商圈建设和商户的接入。

（5）分支机构的省市分公司：实现全国各地区的销售和后续的维护和管理。

（三）运营部

（1）客服部：负责全国用户的咨询和事务的处理。

（2）运维技术部：负责整体系统的维护。

（3）产品测试部：负责产品的测试和上线。

（4）对外宣传部：负责对外宣传和官方网站的建设。

（5）运营合作部：负责配合市场做技术支撑和活动。

（四）技术研发部

负责产品的研发和技术服务支撑，根据项目设立部门。

（五）风险规范部

（1）风险管理部：负责数据监督和风控事宜。

（2）金融行业部：负责金融行业协调和配合市场做相关事务处理。

（3）清算中心组：负责每日的数据核对和相关数据清算。

（4）合同管理部：主要负责法律事务和合同管理事宜。

二、第三方支付的运营模式

第三方支付平台借助互联网先进技术，成为银行与用户联系的纽带，它简化和保证了资金转移的安全性，提高了企业管理的效率。现在移动支付已经完全覆盖了线上和线下，已经成为一种具有更丰富应用场景的普遍服务。从移动支付的操作情况来看，移动支付可以切换到支付网关模式和支付账户设置。现在市场上所运营的两类移动支付业务是：第一类具有独立移动支付模式，如快钱；第二类以支付宝和财付通为标志，依靠自己的 B2C 和 C2C 电子商务页面，提供一个具有责任功能的支付模式。

（一）独立的移动支付模式

独立的移动支付系统是一种移动支付网络与电子商务网络隔离之间没有保障功能的支付系统。它只能在用户进行移动支付遇到问题时提供解决办法，平台的前端会将支付方式的选择提供给网上商户或消费者,同时,平台后端连接多家银行。该平台的作用是与所有银行进行资金清算。移动支付的独立性一直被用作网关支付系统,但与以往的自由存取银行系统不同,它开设了类似支付宝功能的虚拟账户,目的是根据商家的信息为客户支付和结算以外的费用提供帮助。

  服务的独立支付业务主要是 B2B 和 B2C 业务,为商户和需求复杂的企业提供解决方案。他们的客户直接来自公司,间接吸引客户。相比于依托电商网站的支付宝,独立的移动支付公司似乎比较灵活。它们可以对不同公司和行业的个别需要作出积极反应,它们可以向大客户提供个别支付决定,以满足其行业的资本周转,向消费者提供更加方便的支付方式。独立的移动支付平台的网上业务规模要比支付宝和财付通小得多,但其线下业务规模不容低估。独立的移动支付平台依赖于银行手续费分成和客户购买定制产品来获取利益。但是,这一模式没有一个完整的信用评级系统,同行们很容易照搬。因此独立移动支付成功的关键是迅速扩大行业范围和吸引用户。

  (二)有交易平台的担保支付模式

  有交易平台的担保支付模式是指移动分销区域拥有庞大的电子客户,并与主银行合作,依靠自身的实力和信誉,成为双方的支付和信誉中介,在买卖双方之间提供安全快捷、舒适且昂贵的资金渠道的支付模式。

  在这类支付方式中,买家通过网上电子商务平台购买商品,并通过手机账单上显示的账户对商品进行支付。在这些时刻,所付款项被临时存储在平台上,并且由平台告知卖家付款已经到达并建议安排仓库进行发货;等到买家核对并确认发货后,网站会接到通知,可以向卖家付款,然后移动支付平台就会将付款转入卖家账户。这一模式的实质是,移动支付平台同时为买方和卖方提供信贷中介。当买方没有收到货物时,平台暂且保留货款以避免欺诈或不付款的行为发生。

  支付宝和财付通是从相关母公司的电子业务中提出来的,个人买家和聚集在淘宝、拍拍等 C2C 网站上的小微零售商不具备解决高性价比网上购物的技术实力,消费者还缺乏对网络直接在线业务的信心,这就需要中立于买卖双方、有技术实力又有担保信用的第三方来搭建这个桥梁,支付宝和财付通即在这种需求下应运而生。担保支付模式给它们所依附的电子商务网站吸引了大量的交易，电子商务网站上的用户也成了支付平台的用户。担保交易模式所营造的信任环境吸引了庞大的用户群，同时这些海量的用户资源为移动支付平台创造了强大的优势地位，这是诸如快钱类独立移动支付平台很难达到的。

三、移动支付的产业链

移动支付的产业链如图 2-1 所示。根据产业链的企业形态，可以将产业链分为产品链和价值链。

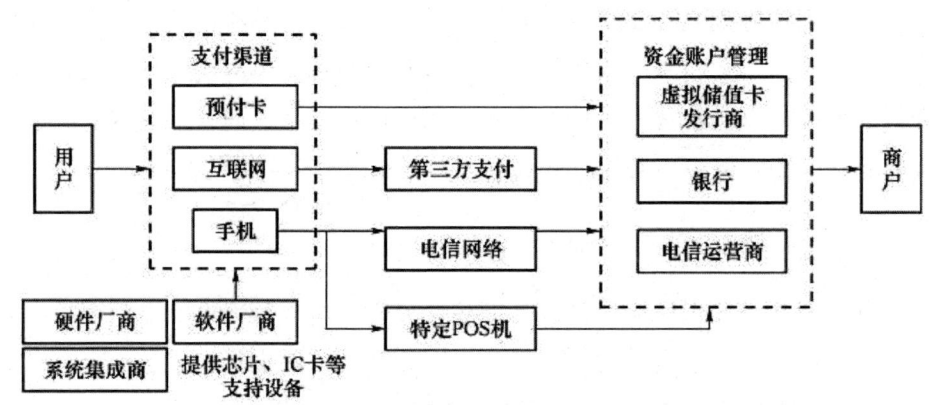

图 2-1　移动支付产业链

（一）移动支付的产品链

传统的产业链是上下游产品的投入与产出之间的链条式关联形态。产品链会带来产品的流动和为了实现产品流动而产生的资金流动以及信息流动，其实就是专业分工后的产品流动。在移动支付的产业链当中，移动支付平台是产业链的核心所在，它贯穿了整个交易活动的始终，有别于传统产业链当中某个具体的位置，只能停留在其上下游的中间位置。移动支付之所以能贯穿整个产业链，是因为移动支付服务的具体形态表现为支付工具与支付服务的产品链。产品链的服务对象是进行商品交易与资金清算的客户。

移动支付平台由于其对商家、客户、银行的优势，使其在缺乏有效信用约束体系的网络交易环境当中脱颖而出。首先,对卖家来说,借助移动支付平台不仅避免了货款不到账的风险,也为客户提供了更为多样的支付工具。特别为无法与银行网关建立接口的中小企业提供了便捷的支付平台。其次,对买家来说,不仅增加了收到货物的保证,而且为货物质量提供了保障,加强了买家选择网上交易的信心。最后,对银行来说,在借助第三方平台银行扩展了业务范畴的同时,也节约了为大量中小企业提供网关接口的开发和维护费用。可见,移动支付模式对参与交易的各方都提供了保障,为保证交易的顺利完成给予了支持。

移动支付产业链要求具备非常高的合作程度,但是其中也存在十分激烈的竞争。假如银行需要提高利润,就会压低移动支付的服务和电子交易费用,而移动支付势必也会向客户收取更高的费用以维持一定的利润空间。一旦移动支付给商户带来的收益大大降低,商户就可能会选择退出移动支付平台继而选择直接支付等方式。产业链当中一旦出现合作关系的改变,就极有可能损害整个产业链的利益,无法达到共赢。因此在移动支付产业链当中,必须合理处理各方的关系,尤其是移动支付平台与银行的关系。如果移动支付提供的支付结算业务趋近于银行的支付结算业务,两者之间的竞争就会加剧,从而影响整个产业链。移动支付平台当中的企业应当采取差异化战略,提供不同的产品。

(二)移动支付的价值链

波特表示:"每家公司在产品的设计、制造、销售、发送和协助过程中都有各种各样的项目,所有这些项目都可以用价值链来说明。"移动支付的价值链体现为平台内部各业务单元的价值以及与移动支付相关行业的行业价值链。

移动支付平台的竞争,不只是内部企业与企业之间的竞争,更是这个价值链之内的竞争。整个价值链的综合竞争力决定企业的内部竞争力。移动支付平台若想生存和发展,就必须为平台内部的企业以及相关的利益集团,包括消费者、供应商、银行等创造价值。创造价值,即增值活动,在移动支付产业链当中,增值活动会直接影响到移动支付的竞争力。

支付宝是在线支付的一个例子，从事移动支付的服务活动，银行专门从事金融产品的研发与清算，而将在线交易服务外包给支付宝。生产销售本是企业内部的增值活动，现在移动支付打破了这种陈规。银行支付业务外包，使企业内部价值链由不同企业组成，因而消费者获得产品的渠道不再是产品链运动的结果，而是由价值链完成价值创造之后的结果。可见价值链容易达到共赢。但是对于这种外包模式来说，外包企业，即移动支付企业更占优势，因为它们可以通过自身的赢利模式比银行赚取更高的利润。假若以产品互补结成价值链，价值活动的创新会更容易实现移动支付产业的共赢。

移动支付为企业和个人提供良好的互动结算系统，并按照客户的需求不断地改善和升级。随着移动支付的发展，银行应当进一步完善服务体系。通过移动支付与银行的合作，达到了银行、移动支付企业、客户共赢的效果。

（三）移动支付产业链的维护

从对价值链的阐述中可知，移动支付产业链是一环扣一环的，任何一个环节的疏漏或利益变迁都会引起整个产业链的波动。2011年，传统支付结算机构与移动支付竞合博弈升级，引起了激烈的行业竞争。

2011年不少银行先后出台措施，降低了通过移动支付进行的网上交易限额，部分银行甚至将借记卡、信用卡转账上限下调九成。4月18日，支付宝宣布推出快捷支付，成功"绕过"网银支付限额。紧接着，财付通推出基于信用卡的"一点通"快捷支付业务，以抵抗商业银行突然降低的网上支付限额。

2011年6月，京东商城与银联正式签署合作协议，开始抛弃支付宝而小范围试用"银联无卡快捷支付"后，于同年7月大规模使用无卡支付，中国银联成为京东商城新合作的支付企业。移动支付行业竞争越来越激烈。

银行更是希望凭借移动支付企业的高成长性和创新性来增强自身的竞争优势，但移动支付企业与银联间将存在不可避免的竞争。对于支付企业来说，其未来发展的根本仍在于创新和效率，对于用户和商户来说，决定其选择的关键在于支付成功率及便捷程度，影响未来竞争格局走向的因素直接由用户体验效果来决定。

（四）移动支付产业链的兴盛

在恶性竞争进行的同时，各家移动支付企业使出浑身解数，创新业务模式不断涌现，合作衍生了更多发展机会。

支付宝 2011 年 7 月正式部署"快捷登录"计划，用户可以使用支付宝账户登录多家电子商务网站，在得到用户允许后，这些电商网站还可读取用户的收货地址等信息，为用户省去多次填写相同信息的麻烦。包括新蛋、易迅、银泰、麦包包、好乐买、唯品会、麦考林、乐蜂、一号店、走秀网等 4000 家电商平台均已支持支付宝登录，覆盖了三分之一的零售市场。2011 年 8 月 9 日，新浪乐居和汇付天下结成独家战略合作伙伴，汇付天下将为新浪房商平台（EJU.COM）提供全程支付服务和解决方案，移动支付企业已悄然布局房产电商领域。

2011 年 8 月 5 日四川航空携手阿里巴巴集团在杭州共同签订战略合作协议，由支付宝为川航官方网站在线机票业务提供支付解决方案及快捷登录服务。旅客可以在川航官方网站自主订票，在确定航班后，通过支付宝账户余额、网上银行、支付宝快捷支付、网点付款等方式支付票款。我国已有多家航空公司通过与支付宝合作实现了移动支付，这也标志着国内航空公司正式进入移动支付时代。

移动支付经济及政策地位已日益明确，更多的行业和企业正在向移动支付企业开放。全新的以传统行业 B2B 电商、物流、行业解决方案为代表的业务体系开始在整体交易规模中逐步增强。整个产业链中都渗入了支付企业所提供的服务，支付企业由单纯的提供支付结算服务拓展至提供专业高效的流动资金管理解决方案，涉及行业包括钢铁、物流、基金、保险等诸多传统领域。可以预见的是各支付企业将在不同的细分市场逐步形成稳定的市场竞争优势，多元化格局将逐步显现。

四、移动支付与传统支付方式的对比

移动支付采用附加信息法完成小额交易的数量，并在公司批准后进行清算。在某种程度上，类似于中央银行的还款操作，并受到某种信用担保的约束。

在移动支付出现之前，客户和移动支付公司主要依靠计算机终端建立联系。在移动支付出现后，客户与移动支付公司之间的联系开始转向移动端。移动支付是一种支付方式，它利用移动装置通过无线网络进行货币价值转换，以偿还债务和债权关系。近年来，移动支付在我国发展迅速，它的形式通常是多种多样的，并出现了一些新型的支付方式，如短信付款、NFC 近场支付、语音支付、二维码支付、移动银行支付和刷脸付款等。这些国外的移动支付方式与我国的发达地区较为类似，而手机银行主要用于贫穷地区，通常不需要移动支付的合作。

在中国的移动支付模式中，如果是由银行提供的移动客户端，客户则需要注册移动银行。如果是这样的话，为了与近场支付进行合作，移动支付还应该拥有近程无线通信技术（NFC）。假如是由电信界的三大运营商推出的系统，通常是通过植入一个 SIM 卡的芯片来进行支付操作的，如由中国电信发行的翼支付 RFID-UIM 卡。如果是由移动公司推出的支付系统，客户则没有必要注册手机银行，只需要把自己的银行卡与其绑定或在其系统中存放一定的资金，就能够直接支付，如支付宝旗下的"碰碰刷"和微信支付等。这种支付模式的特点是便捷性强，使用户对于速度的要求得到了满足，但其安全性较低；在大多数情况下，它是由保险公司进行担保的。个人的金融账户不再专属于传统金融机构，付款和账户的关系密切，账户是付款的出发点和来源。如果账户不存在，那么就不存在支付。特别是在电子金融时代，账户有着很重要的地位。国泰君安证券股份有限公司的董事长万建华表示，"在未来的金融业中，有账户的人将得到天下"。付款是指从一个账户转到另一个账户货币的行为。付款过程是通过账户汇出货币的过程。在电子货币时代，货币必须同时具有付款和金融商品的特征，个人账户的存在是不可缺少的（除了现金交易）。若金融商品能够作为支付手段而存在，则通常符合低波动率、高流动性的特征。

随着在线金融设施的提供，个人金融账户不再仅仅属于传统金融机构。一些互联网公司还可以提供支付宝和 QQ 等账户。在一定时期内，账户提供者将呈现出多种发展态势。通过逐步整合个人账户（如超级网银可以集成不同银行的账户，支付宝账户向第三方应用开放等），由于集成后的个人账户具有公共产品的属性,到最后个人账户可能由中央银行这类机构来提供。

在电子科技时代,信息技术的发展使移动支付具备了金融产品的特点,这与其他支付方式区别很大。支付所具有的金融产品属性为移动支付与第三方支付既增加了吸引力,也给货币控制带来了难度。支付的金融产品属性最典型的特征是,支付手段要么本身就是金融产品,要么起着金融产品与支付手段自动转换的作用,识别企业的盈利能力。

在贵金属货币和电子货币时代,电子货币将在没有支付的情况下被用作金融产品。这二者的不同之处是:在支付时,货币和金融产品在相互转移时的成本不同。在贵金属时代,货币和金融资源的波动性越来越大。同时,在电子支付时代,移动支付的变革具有与支付的移动功能相同的特点,其本身具有降低货币成本和交易成本的优势。

在电子货币时代,在电脑端或移动终端只需在拥有一个账户的条件下,就能够把货币和金融产品联系起来。当没有支付行为时,账户余额是一个金融产品。当进行支付行为时,个人账户里的数字就代表着货币,转换过程可以立即完成。在使用互联网之前,这一切似乎都是无法想象的,但现在可以很容易地做到,这就是科技的力量。但这也给货币控制带来了挑战。

第二节 P2P 网络借贷

P2P 网络借贷在中国经过几年的发展,已经对最初引进的国外运作模式进行了改良,有的引入了担保机制,有的引入了线下模式,有的已经介入了借贷交易过程,不仅仅作为一个中介平台,而是作为一个借贷资金流转的中转站。

一、国外的 P2P 网络借贷模式

国外 P2P 网贷平台模式,分为营利型和非营利性。营利性又可以分为复合中介型和单纯中介型,复合中介型以 Zopa 模式和 Lending Club 模式为代表,单纯中介型以 Prosper 模式为代表;非营利型以 Kiva 模式为代表。

（一）英国 Zopa 模式：贷款人手续费+投资者管理费+逾期费用

1.公司概要

Zopa 于 2005 年 3 月在英国成立，是世界上最早的应用 Web 2.0 网络在网上从事小额信贷的 P2P 小额信贷企业，其是纯粹的线上借贷模式，它主要面向社区群体提供小额的贷款服务，它曾声称"摒弃银行，每个人都有更好的交易"。

Zopa 可算是 P2P 网络借贷平台的鼻祖，经过 10 多年的发展，已经成为目前最广为人知的 P2P 网络借贷平台之一。Zopa 于 2010 年被授予"最佳个人贷款提供者"，且连续 4 年获得"最值得信任的个人贷款者"称号。英国公平贸易局给 Zopa 平台颁发了信贷许可证，使其在法律上具备了向客户提供信贷服务的资格。如今罗斯柴尔德旗下基金 RIT CAPITAL PARTNERS 对 Zopa 的参股，更是起到锦上添花的效果。同时 Zopa 在信息专员办公室（Office of the Information Commissioner）注册成为英国反欺诈协会（CIFAS）的成员，截至 2014 年年底，其累计贷款规模已超过 7.13 亿英镑。Zopa 在英国的运营取得成功，于 2007 年尝试向美国、日本等国家扩张业务，但由于上述国家具有严格的网络信贷监管机制，从而给 Zopa 在国际化的发展带来了阻碍。

2.借贷流程

Zopa 主要提供 500～25000 英镑的小额度贷款，其借贷流程如下。

（1）借贷双方要先在平台上提供个人信息，进行实名注册，成为会员。借款人发布借款需求时，需按要求提供详细的个人经济状况、家庭情况、借款理由及借款期限、利率和金额，附加个人信用报告。投资者首先需要给个人账户中充值，然后输入可以投资的金额和投资的时间，并设定期望收益率、还款方式等。

（2）借款人信息提交后 24 小时内 Zopa 要对其进行审核，借款人在进行贷款交易前必须要经过严格的身份认证、信用认证和风险认证。借款人的个人信用评级由 Zopa 参照该借款人在 Equifax 信用评级机构给予的信用评分确定，按信用等级可将借款人分为 Ax、A、B、C 四个等级，如果借款人信用等级极差，不在四个等级之列，会遭到网站拒绝。信用等级高者，其违约的概率小，以低利率借到钱的概率就大，信用评级还能帮助投资人根据自身的风险偏好做出投资决定。

（3）投资者在网站上浏览，根据自身风险偏好和期望收益自行选择借款人，Zopa 平台会根据出借人的要求自动匹配借款，并以 10 英镑为单位将投资者的资金进行分割，投向不同的借款人，以分散风险。投资者以 10 英镑为单位进行投资，最后达成交易。

3.风险控制

在风险控制方面，Zopa 主要有如下举措。

（1）严格执行身份认证、信用认证和风险认证的审核制度，并且与专业的信用评级机构合作，保证了借款人的质量。

（2）Zopa 对投资人投资均以 10 英镑为单位进行强制分散以降低风险，向不同的借款人发放等额贷款，并强制其按月还本付息，达到分散风险的目的。

（3）借款人必须签署具有法律效力的合同。

（4）借贷平台介入交易的程度比较高，当借款人发生逾期未还款现象时，Zopa 将启用"风险储备金"，对出借人的本息进行赔付；发生坏账之后该网站负责雇用第三方公司进行坏账跟踪和追讨，和投资人共同承担信贷违约的风险。

4.Zopa 模式的优势

（1）严格的风控制度。Zopa 将借款人严格按照信用等级划分，信用等级在借贷中成为重要评判标准。除了对借款人进行信用评级外，还要求投资者分散投资、借款人按月还款。同时，为了保障投资者的权益，借款人还必须签署具有法律效力的合同。

（2）完善的服务。Zopa 在整个交易过程中主要提供以下服务：信息发布对接、相关法律文件准备、对借款人进行信用认证、坏账发生时雇用代理机构为投资人追讨欠账等。

Zopa 模式存在的不足在于仅适用于拥有成熟征信体系的国家，在征信体系欠缺的国家，线上模式的运用将导致信用风险和道德风险的发生。

（二）美国 Lending Club 模式：贷款人手续费+投资者服务费+收款手续费+逾期费用

1.公司简介

2007 年 5 月 Lending Club 在美国成立，Lending Club 以 Zopa 模式为基础，结合社交网络，发展出一种全新的 P2P 网贷模式：Lending Club 和 Facebook 合作，作为平台应用加入。伴随着社交网络的快速发展，P2P 网络借贷的后起之秀的 Lending Club 同样获得了迅速发展，得到了以青年人为主的社交网站用户群体的认同。Lending Club 提供的贷款额度从 1000 美元至 25000 万美元不等，贷款年限平均为 3 年。截至 2014 年二季度，Lending Club 平台贷款总额达到 50 亿美元。

2.业务流程

Lending Club 的借贷流程与 Zopa 模式的借贷流程相似，不同的是：

（1）借款前，借款人必须经过严格的信用认证和 A～G 分级，Lending Club 会根据不同的分级制定固定的贷款利率。

（2）投资者在浏览借款人的资料时，除了可以根据自己的风险偏好、期望收益率、借款期限进行选择以外，还可以依据借款人是否自己的朋友，来做出是否给予发放贷款的决定。

（3）借款人可以通过 Lending Club 上的 Facebook 申请借款，利用社交网络的优越性，增加借款成功的可能性。在借贷过程中，Lending Club 的收入来源主要是手续费、服务费和管理费。

3.风险控制

借款人通过 Lending Club 进行贷款交易前必须要经过严格的信用认证和 A～G 分级，Lending Club 可以不接受投标，但可以根据借款人的信用等级设定不同的利率。

2010 年 11 月，Lending Club 注册了全资子公司 IAdvisor，目的在于确保用户账户的安全。随着 Lending Club 大额投资期的到来，Lending Club 设立了投资于低风险借款人（A 级和 B 级客户）的信贷基金 CCF 和贷款投资于中期低端借款人（C 级和 D 级客户）的信贷基金 BBF。

4. Lending Club 模式的特色

Lending Club 模式与 Face-book 社交平台合作，使用社交网络用户的高参与度、高活跃度、高互动性和高传播力的特点，对借贷活动进行推广。由于 Facebook 进行的是熟人之间的借贷，因此，借款成功率更高，同时，由于借贷发生在朋友圈里，所以借款人无须公布自己的信用历史，保护了个人隐私。

另一个特色是划分了信用等级，并将它和利率完全挂钩，撮合符合信用要求的借款人和投资人进行有效率的借贷和投资，提高成交效率。

Lending Club 模式也属于线上复合中介型模式，其主要风险在于担保公司会过度介入交易，以及担保公司担保能力的可信度。

（三）美国 Prosper 模式：贷款人手续费+投资者管理费+逾期费用

1. 公司简介

2006 年成立于美国的 Prosper，是美国首家盈利性 P2P 网络信贷平台，Prosper 的运营模式是一种单纯中介型 P2P 网络借贷模式，旨在帮助普通个人更方便地相互借贷。它的运营机制与 eBay 电商平台业务项目类似，只是这个网站上提供的是"借款额"：借款人在平台寻找贷款，贷款上限在 50 美元到 25000 美元之间。在写明借款期限的同时，要注明借款原因及用途，给定自身可接受的最高支付利率，投资人在此利率基准上以降低利率的方式竞拍。与一般拍卖模式不同的是，Prosper 的拍卖模式是以自愿投资额度竞拍而非全额竞拍。

2. 业务流程

Prosper 的借贷流程与一般 P2P 网络借贷流程有所区别。

（1）借贷双方在 Prosper 平台上注册，平台要求借贷双方需要拥有有效"社会保险号"（记录其一生所有信用记录）的美国公民。

Prosper 要求借款人的信用评分必须达到 640 分以上，然后必须详细填写个人信息、个人税号、银行账号，并提交信用报告。在 Prosper 网站上，个人必须是年满 18 岁的美国公民，专业投资者必须是美国公司，并拥有纳税号码。所有投资者都需要有支票或储蓄账户，投资者在注册时，也必须提供个人信用报告，其 Prosper 账户至少要充值 25 美元，该金额会转入 Prosper 在富国银行（Wells Fargo）为客户开立的特别托管账户。

（2）Prosper将对贷款信息和基于该信息的相应信用评估的未偿金额进行分析。贷款评级对最高贷款上限借款利率、贷款增长率和服务费用起着决定性作用。

（3）通过审核后，借款人可以在Prosper借款平台上发布自己的借款需求，内容包括Prosper信用等级、贷款资金及期限、贷款用途、个人经济情况简介等。审核合格后，并不意味着债权人的认证完整。由于借款人尚未提供所有相关文件作为证明，且无法获得可靠性的最终验证，因此将在借款人名单上出现一个进度表。该表由三个进程表组成，进度走得越快，越容易获得投资者信任。

（4）投资者依据生成的借款列表，筛选得到符合要求的借款列表，系统会优先匹配认证进度快的列表，投资人选择后就可竞标开始，当募集金额达到目标要求或借款列表发布达到14天时结束募集。

投资方也可以采用"快速投资"的方式进行投资，明确投资总额、可分享的股份数量和每一股份的最高金额，引入借款人信用评级要求，Prosper将在有限的条件下评估相应的增长率和坏账情况供投资者参考。

（5）募集结束后Prosper会在2～8个工作日内对借款人的信息进行更加细致深入的审核，在审核期间还会要求借款人提供更加详细的证明文件以取得贷款。只有在进一步确认借款人的信息后，Prosper才会通过网上银行将金额转入借款人的账户。在转入资金之前，Prosper会先扣除应该收取的服务费金额。同时，生成贷款票据，并将票据发给竞标成功的投资者。

在借贷过程中，Prosper向投资人及借款人按不同标准收取服务费，对不同信用等级的借款人其服务费收取比例不同，投资承诺的服务率为每年贷款总额的1%。

3.风险控制

（1）Prosper开发了一套严格的审查和信用评级系统，以确定具有良好信用度的借款人。使出借人通过公布的各信用等级详细历史数据了解投资风险。

（2）仅当借款人完全通过Prosper的审核，才会打款到借款人账户。同时，会给出借人提供相应金额的Prosper票据，出借人可按月收取本金及利息。

（3）Prosper 鼓励投资者将投资金额分散开来，并强制借款人按月还本付息，降低了投资的风险。

（4）Prosper 不向投资者承诺资本保护，但当贷款人到还款期时，他将被要求按照投资比例向债权人支付逾期滞纳金。当超过还款日 30 天内时，Prosper 会向借款人直接催债，若超过 30 天仍不归还贷款，Prosper 将建议出借人求助催款公司，但出借人将支付必要的费用。

（5）发生坏账的借款人除非还清贷款和罚金，否则不再允许在 Prosper 借款，同时，Prosper 会向信用评级公司递交违约人的拖欠报告，将其违约记录记入其信用报告。

（6）为保障投资者的资金安全，投资者的投资资金将存入 Prosper 在富国银行为客户设立的特别托管账户，该账户安全由美国联邦存款保险公司（FDIC）保障，以防止 Prosper 擅自挪用出借人资金。

（四）美国 Kiva 模式：非营利性公益平台

1.公司简介

Kiva 是 2005 年在美国成立的 P2P 网络借贷平台，与前面三种模式不同的是，Kiva 是一家非营利的 P2P 借贷网站，提供跨境小额贷款服务，服务的大多数借款者来自发展中国家的低收入企业，而大部分投资人来自发达国家。由于该平台具有公益和扶贫的性质，因此愿意通过 Kiva 投资的人可能都是带着捐款的心去的。截至 2016 年 2 月，共有 2364452 名用户在 Kiva 注册，其中共有 1384940 位投资者提供了贷款，共有 1882330 名借款人获得贷款，累计金额达到 81148800 美元，有 304 家区域合作伙伴与该平台合作。Kiva 的业务广布全球，分布在 83 个国家，Kiva 的还款率达到 98.40%。

2.业务流程

Kiva 采取通过平台募集资金撮合借款人和投资人之间的交易的流程。

（1）借款人通过 Kiva 平台进行借款，有两种方式：第一种由借款人直接在平台上发起借款请求，Kiva 要求借款人详细阐述公司的基本信息、贷款原因、贷款目的、时间和债务状况；第二种由借款人向与 Kiva 有合作项目的当地小额贷款公司提出借款申请。

（2）Kiva 通过与其有合作关系的小额贷款机构对借款人进行审核，该机构收集借款人的相关信息，对信息进行整理后，将资料反馈给 Kiva。

（3）Kiva 将通过审核的企业贷款需求发布在网上，该网站将提供有关贷款申请公司和贷款原因的适当信息，如资金用途、还款来源、负债情况详细展示出来，并提示贷款的潜在风险，贷款期限一般为 6~12 个月。

（4）投资人在 Kiva 网站选择感兴趣的投资项目进行投资，Kiva 要求投资人投资金额大于 25 美元，Kiva 汇集性质相近的投资人资金完成一笔贷款的资金募集；投资人也可以对某一借款列表进行全额出借。

（5）募集完成后，Kiva 使用 PayPal 将募集到的资金转给分散在世界各地的小额金融机构，即 Kiva 的伙伴，让它们完成最后的付款和收费工作。小额贷款机构确定自己的贷款利率，并将利息用于维持其正常运作。

（6）小额信贷机构通过寻找借款人、支付借款、监督管理借款人、回笼到期还款退回给 Kiva。这些机构还提供适当的外部贷款，一旦该项目完成，小额信贷机构通过集齐贷款金额再通过 PayPal 返还给 Kiva。在借贷过程中，由于 Kiva 是非营利机构，其向小额信贷机构提供无息贷款，不收取任何费用，借款人也不必向 Kiva 支付手续费，Kiva 为那些发展中国家的小企业提供了一个项目筹资渠道，但小额信贷机构会向借款人收取较低的利息以保证该机构的基本运营。

3.风控管理

（1）Kiva 在对借款人信息进行审核时，通过当地的小额信贷机构进行考察，由于 Kiva 会对每一家合作伙伴进行严格的筛查，它们拥有专业的信贷管理人员，可以更加深入地了解借款人的信用情况，同时定期回访了解资金运用情况，通过平台公布借款人信息，有利于提前发现借款人存在的问题。

（2）当借款人出现逾期未还款现象时，小额信贷款机构会催促借款人还款。Kiva 也是小额信贷客户保护组织（Smart Microfinance）一员。小额信贷客户保护组织也是一个非营利性机构，它帮助小额信贷机构打造适宜的贷款产品，建立一种机制，以防借款人过度负债。

（3）Kiva 显示了投资者在平台上面临的风险，如借款者违约的风险、小额金融机构的风险，还有汇率风险。因为 Kiva 服务的是跨境客户，但 Kiva 平台选择美元作为结算货币，汇率波动对出借人的本金将产生很大影响。

（4）Kiva 也建议投资人分散投资以达到分散风险的目的。

4.Kiva 模式的特点

Kiva 以"批量出借人+小额借贷"形式对外开展业务，相比于其他模式，其具有三大特点。

（1）公益性。Kiva 为发展中国家的中小企业提供资金，非营利性质是它的最大特点。它所提供的贷款方式有集体贷款、住房贷款和农业贷款三种。

（2）跨国借贷。Kiva 从发达国家的居民处筹集资金，服务的借款人主要来自发展中国家，在借贷过程中，国际第三方支付工具 PayPal 为资金提供了跨境流动渠道，实现了资金的即时支付、即时到账，保障了借贷过程资金流动的快捷性。

（3）Kiva 不与借款人直接联系，而是通过各地的合伙人来间接放贷。

二、中国 P2P 网络借贷的运营模式

总体来说，中国 P2P 网贷的运营模式有三种主要的分类方法，即按借贷流程分类、按融资渠道分类、按有无担保机制分类，每类运营模式都有不同特点。

（一）根据贷款处理类别分类

根据贷款处理类别，可以分成单纯平台模式和债权转移模式。

1.单纯平台模式

纯平台模式即借款人应根据需要在网站上选择自主贷款部分和贷款上限，网站则不会介入交易，只负责贷款的审核、展示和报价，并记录所收取的管理费和服务费。这种商业模式的特点是管理简单，执行成本低，借款人和贷款人之间直接接触，这样一来能够使平台降低代偿风险，但是也存在着明显的缺点，即投资人的资金损失风险较高。典型代表如拍拍贷。

成立于 2007 年的我国第一家网贷平台拍拍贷就一直采用纯平台模式。拍拍贷的借款具有小额、短期的特点，一般不超过 6 个月，额度一般不超过 10 万元。具体来说，拍拍贷采用的是竞标的方式来撮合借贷双方的交易的，如图 2-2 所示。首先，借款人在平台上公布自己需要借款的金额及可接受的最高

年利率，编制成借款列表，贷款人通过借款列表向借款人投标（包括标的金额和利率等），待投标结束时，具有最低和较低年利率的投标金额将组合成为借款人的一笔借款，借款者把每个月的还款资金放入拍拍贷账户，拍拍贷系统自动将该金额转入贷款人账户，直到贷款偿还完毕。

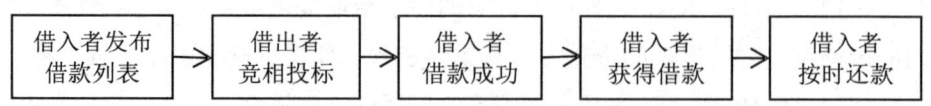

图 2-2 拍拍贷操作流程示意图

纯平台模式保留了最初 P2P 网贷的面貌，借款人应根据需要选择平台上的贷款部分。平台不介入业务，并且不承担风险坏账。它全权负责审查、展示和向借款人提供贷款。其收入主要来源于服务费和账户管理费的收取。

2.债权转让模式

债权转让模式意味着借款人和贷款人之间没有直接的接触，首先由 P2P 网络贷款平台放款获得合适的债权，然后转移给合适的投资者进行投资。一些 P2P 在线贷款平台将第三方的个人债权制作成理财产品，投资者可以选择并负责审核借款人的贷款表现和贷后服务。这种模式又被称为"居间人"模式或"专业放款人"模式，通常需要平台人员线下操作，不利于业务的扩张，同时由于平台存在资产池，容易陷入非法集资的法律风险中。典型代表如宜信。

宜信公司是国内较早采用债权转让模式来运行的 P2P 网贷平台。具体操作流程如图 2-3 所示。

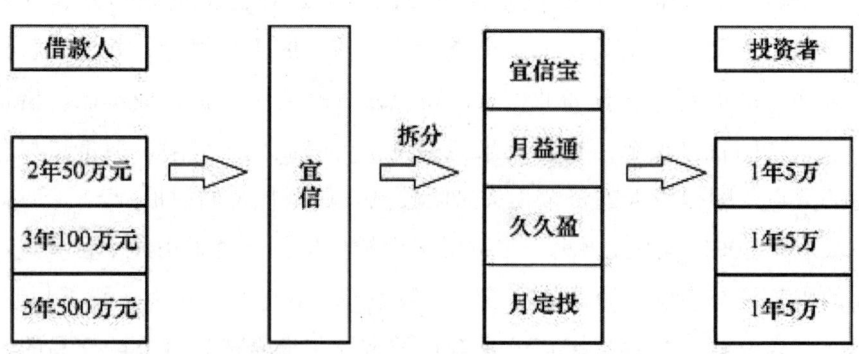

图 2-3 宜信的债权转让模式流程图

首先，宜信通过其强大的线下分支机构寻找有借款需求的客户，审批合格后由宜信 CEO 与客户签订一份个人间的贷款合同，该合同确定了贷款额度、期限、贷款总额增长、还款日和还款方式，然后将资金转入客户账户。这就完成了借款人和宜信的交易环节。然后，宜信再去寻找潜在的投资者，将债权进行两个层面的拆分，即金额拆分或者是期限拆分，打包成固定期限的组合产品，以组合的形式将产品卖给投资者。经过拆分的债权变成多笔小额、短期的债权，相比之前整体的一笔债权来说，销售难度大幅降低。这时投资者与 CEO 签订债权转让合同，钱从投资者的账户上转移到 CEO 的账户上。这就完成了宜信和贷款人的交易环节。

（二）按融资渠道分类

按融资渠道分类，分为纯在线模式和线上线下一体化模式。

1.纯线上模式

在纯线上模式下，贷款的修改、合同的签订和贷款的催收等业务均在网上进行。由于缺乏对借款人的线下实地审贷环节，常采用搭建数据模型的方法审查借款人的信用问题，并用相关模型分析所收集的资料，以便向借款人最为提供准确的信用评估。

在纯线上的模式中，利用数据建模的方式对借款人的信用进行审核，节省了人力成本，但基于缺失的数据建立起来的数据模型也存在一定的问题，这些问题导致的直接后果就是信用审核可靠性降低，风险控制不成熟，逾期率和坏账率普遍较高。

2.线上线下相结合模式

线上线下相结合模式被称为 O2O 模式。在这种模式中，线上主要对理财产品、借贷业务信息及相关法律服务流程进行展示，以完成借贷的交易环节，线下主要是发展贷款（资产端）、信用评级和贷款后管理。借款人所在地的平台服务部门在收到借款人在线上提交的借款申请后，会对借款人的资产信用和还款能力大小等情况进行考察。为了能够让借款人因违约而产生的损失降到最低，P2P 网站运营着超过 50% 的风险管理活动，如贷款审查、贷款管理和抵质押手续等。典型代表如人人贷。

目前,人人贷的借款标的主要有信用认证标、机构担保标、智能理财标和实地认证标等。实地认证标是由人人贷和友信共同组建而成的,该产品延续了人人贷业务的"求真务实",在前期严格审查的基础上,增加了友信前线员工贷款期间和贷款后的实地考察、审核调查和贷款后服务的跟踪。增加风险管理的控制力,起到双重保障的作用。目前,实地认证标已成为人人贷的金额占比最大的贷款标的。

(三)按有无担保机制分类

按是否存在担保机制进行区分,可分为无担保模式和有担保模式。

1.无担保模式

无担保模式保持了贷款模型的原始 P2P 外观,它只起到审查和协调信息的作用。所有发放的贷款均为贷款人根据自身贷款时间和风险承受能力及贷款时间选择的无担保贷款,逾期贷款和坏账的风险全部由出借人承担。网站没有建立专门的风险预备金来补偿贷款人可能遭受损失的责任和义务。

国内第一家 P2P 网贷平台拍拍贷是该模式的重要代表。

拍拍贷的运营模式主要借鉴国外的 Prosper 平台,借贷的全过程都是在线上以竞标的方式完成的,网站以收取借贷双方的中介费用实现盈利。借贷流程如下。

(1)注册认证。拍拍贷可以通过个人邮箱注册账户或使用拍拍贷合作伙伴(包括支付宝、淘宝、新浪微博、QQ、财付通等)的账号进行登录,注册完毕后会员需要详细填写个人资料。

(2)借款人注册成功后申请成为借入者即可开始借入资金,借款人通过拍拍贷平台发布借款需求,借款需求包括借款理由和借款详情等。投资者注册成功后申请成为借出者即可开始投资活动,首先要对账户充值,作为投标时的资金。

(3)平台对借款人的借款需求进行审核。拍拍贷的借出投标是由出借人来判断的,但在完成了 100%的借款金额满标之后,为了保证出借人的利益,拍拍贷会根据不同类型借款人提交的材料进行最终审核。(拍拍贷对资料的审核仅限于如下方式:①对用户提交的书面材料的扫描件或电子影像文件进行形式上的审查；②对用户提交的书面材料的内容与其申报信息的一致性进行审查）审核会在3个工作日内进行。

（4）投资人选择借款列表并投标。通过筛选正在进行中的借款项目，选择愿意投资的借款项目并进行投标。拍拍贷还提供了"自动投标"功能，由出借人自定义投标备选规则，系统会在有符合条件的借款列表出现的情况下进行自动投标，简化投标操作。

（5）借款列表在投标期内满标，且借款人的个人资料已通过平台验证，投资者投标的金额将会自动转账划入借款人账户，与此同时，拍拍贷平台将自动生成电子借条并通过电子邮件方式寄发给交易双方。

（6）到期还款。网站会按时通过电话、邮件或短信方式对借入者进行还款提醒，借入者需按照规定的还款日期还款。

2.有担保模式

为获得出借人信任，有效拓展出借人客户，提高平台的知名度和交易量，许多平台推出了担保机制，以保障出借人的利益。有担保模式可分为第三方担保模式和平台自担保模式。

第三方担保指的是P2P网络平台与第三方责任机构一起运行，其主要责任服务全部由外部责任机构完成。P2P网络贷款机构不再参与有风险的服务，其中第三方责任机构为中小企业或担保企业的初创企业。在这种模式中，P2P网贷平台作为中介，不吸储、不放贷，仅提供金融信息服务。实践中采用这一担保模式的P2P网贷公司主要有陆金所、有利网及开鑫贷，这些平台上的全部借款标均由合作的小贷公司或担保公司提供担保。

由平安集团创建的陆金所就是第三方担保模式的典型例子（见图2-4）。它借助于平安集团的信贷消费风险管理数据模式对每位借款人进行借款风险评估。在借款交易达成之后，其产品的违约赔付、借款人的资质审核都由平安集团旗下的担保公司——平安融资担保公司负责。

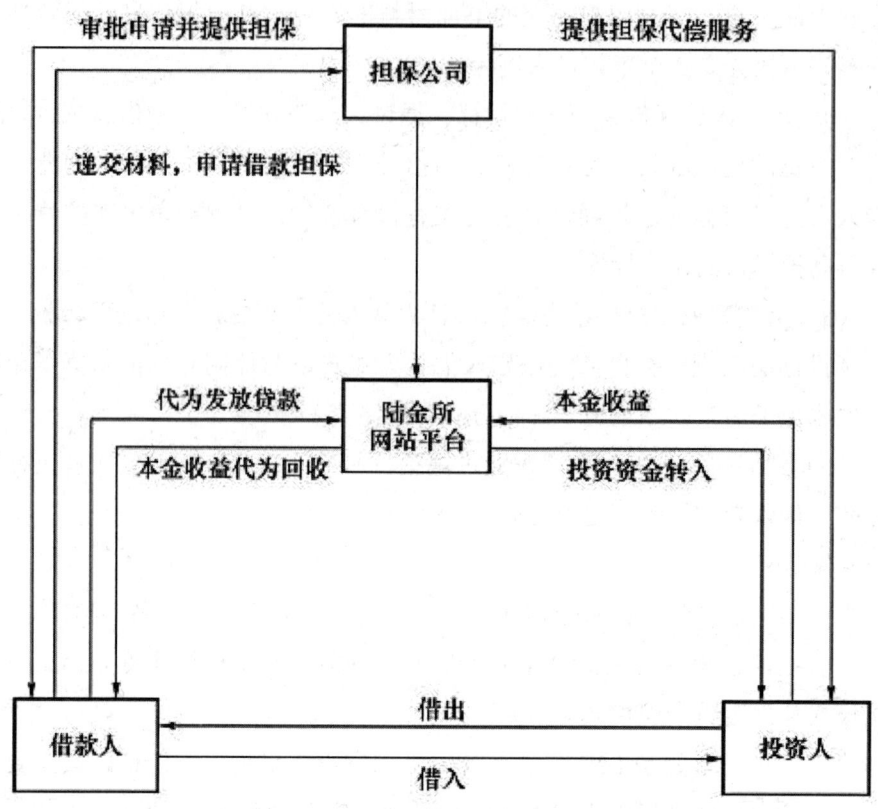

图 2-4 陆金所交易流程图

引入第三方责任承担机构是国内 P2P 网络借款公司管理其领域积累风险的重要方式。在这种模式中，小贷公司和担保公司对 P2P 网贷平台上的项目进行审核和担保，P2P 网贷公司给予其一定比例的渠道费和担保费。这既节省了风控和业务成本，降低了平台风险，又搭建起了借款人、风险控制机构、P2P 网贷公司等多方共赢的平台，而且这种合作模式流程简单，合作双方权责清晰，有利于平台的扩张。这种整合了民间借贷中介和担保中介的模式对推动利率市场化、促进民间金融的阳光化，以及在降低小微借贷成本方面都有极大的作用。

该平台的担保制度是，P2P 在线信贷平台本身为债权人的资金提供安全保障。在这种制度下，债权人和借款人之间达成的信贷协议通常将包括一项关于本金保护的基本条款。当信贷到期时，如果债权人不能获得本金和利息，债权人可以将其权利转让给平台，平台首先向借款人预付本金，然后将坏账转入平台本身，平台将对借款人进行追回款项。

第三节　众筹融资

一、奖励制众筹

奖励制众筹是筹资人为获得资金资助，承诺待完成项目之后，作为回报，投资者将得到非财务形式的付款，如实物付款、服务或媒体回报等。多以筹资人的项目产品作为奖励，实物形式与非实物形式均可以，如电影的首映体验等。奖励制众筹一般用于新创意网络的融资，尤其是电影、音乐等艺术作品的融资。奖励制众筹规模已达到全球众筹融资总额的一半以上，美国的 Kickstarter 众筹平台堪称奖励制众筹的典范，此外，著名的奖励制众筹平台还有美国的 Appsplit、Lucky Ant，新加坡的 ToGather，中国香港的 ZAOZAO 等。奖励制众筹是众筹模式中的一种方式，其直接表现形态类似"团购"或者"预售"，筹资者想要生产新的商品需要由出资者来提供资金，这种方式的前提条件是在对这件商品有兴趣的条件下进行的"订购"。它能够替代传统的市场调研进行有效的市场需求分析，减少了因生产不合理而产生的资源上的浪费。这样一来不但可以让新产品的生产有足够的资金支持，而且还能促使新产品的市场营销力，完美地结合了资金筹备与营销管理。

奖励式众筹的价值可以概括为以下几点：众筹是形成新产业链的初始端，它可以有针对性地对潜在目标市场进行挖掘；来自用户的支持，可以判定新产品在未来市场的应用前景，以减少不必要的项目开销；为项目研发人员赢得第一批忠诚支持者提供了平台；众筹得到的数据结果为项目继续获得融资提供了保证；众筹网也会依据项目筹资结果，提供借贷、孵化或投资等金融服务。因此，奖励制众筹的关键并非单纯的融资，而是"筹入、筹智、筹资"的过程。

相比于其他形式的众筹，奖励式众筹的覆盖范围更加广泛，包括商业和企业、音乐、电影、表演艺术、社会事件、时尚等。同时，奖励式众筹也可以作为其他模式众筹的有益补充，例如，债权式众筹和股权式众筹中都可以加入奖励式众筹的元素，作为其补充手段，吸引投资者，从而促进项目的成功。

二、募捐制众筹

募捐制众筹是出资者不求回报地以捐赠或公益的形式为募集者提供资金支持。通常来说，个性化和升华化是被捐赠项目的两大特点，如"学生家长因丢掉工作而需要对孩子的学费进行筹集"，"发生车祸时因没有参保而需要筹集的资金"等，捐赠者会因募捐款项目清晰、明确的事件而主动捐赠。通常募捐制众筹规模较小，募集资金低于 5000 美元，包括教育、社团、健康、环境、社会等方面的项目。在美国、英国，此类型的平台已获得一定的发展，特别是在美国已趋于成熟。这与美国所具有的税收政策和公共福利等文化背景是分不开的。

这一模式的最大特征是支持者完全出于自愿原则并不在乎将来是否可以从中得到回报，具有捐赠和公益的性质。在此模式下，大众作为投资者，与其说其在进行投资，不如说其是在进行带有公益性的赠予活动。

募捐制众筹平台发展迅速，很快成为非营利组织获取捐款以帮助有需要的人的一个主要途径。今天，募捐制众筹项目在不同的平台快速发展，向那些在生活当中遭遇到不幸的人们提供基本生活和金钱上的援助。非营利组织的长期众筹项目也变得很常见。

三、债权式众筹

债权式众筹指的是通过互联网这个大平台，有投资或融资需求的个人或企业直接进行资金融通的一种行为方式，投资将在项目完成后收回资本，并将获得一定的利息增长。任何大众只要对筹资人提供的利息回报满意，都可以成为出资者。债权式众筹可以理解为一种特殊形式的 P2P。可以说，这是伴随着互联网的发展与民间借贷的兴起而出现的一种金融脱媒现象。国外著名的债权式众筹平台有英国的 Zopa、美国的 Prosper 和 Lending Club 等。

以债务为基础的众筹融资的特点是低成本、低门槛，对社交网站中的所有用户都开放。其借贷关系清晰、投资回报明确，融资效率也是最高的，从项目开始到筹集结束的时间只有股权式众筹和奖励式众筹时间的一半。

四、股权式众筹

股权式众筹，这个活动的主要目的是通过互联网公开提供小额股权。股权融资必须通过金融融资的中介机构（互联网或其他类似的电子媒体）进行。股权融资中介机构可对商业模式进行探索，但要遵守法律法规，发挥股权融资作为多边金融市场有机组成部分的作用，更好地为创新和创业服务。融资方一般是小型和微型企业，并应通过股权融资中介机构使用真实的商业模式、管理经营、财务、资金报表等其他关键信息进行披露，且不应具有误导性或者欺诈性。投资者应充分认识到多元投资的风险，有相应的风险承受能力，进行小额投资。这项业务由证监会监管。

在国外，股权式众筹为初创期企业解决"融资难、融资贵"问题提供了现实路径和政策保障，特别是一些高科技初级项目，如软件、电脑游戏、计算机等，此类项目具有高风险的同时，其回报也相当可观。因为股权式众筹具有高风险和高回报的显著特征，所以此类众筹对出资人的进入门槛要求较高，如资金上具有最低要求，以规避股权式众筹风险。这样的要求是对出资者的一种保护。

我国在未发布《关于促进互联网金融健康发展的指导意见》之前，股权式众筹处于灰色地带，无法将其明确地划分到公募或者私募中。《关于促进互联网金融健康发展的指导意见》的颁布确定了股权式众筹的法律地位，明确了股权式众筹融资业务的监管主体是证监会，股权式众筹的融资方式在未来将得到不断地完善和发展，相关的法律法规也会日益健全。

根据我国特定的法律法规和政策，在我国股权式众筹有凭证式众筹、会籍式众筹和天使式众筹三种类型。凭证式众筹通常是由熟悉的人引入的，以加入众筹公司的项目，公司的股东不允许投资者加入进来；会籍式众筹的入股投资者成为投资公司的股东；天使式众筹需要明确的资金回报。下面我们将结合案例，分别对这三类股权式众筹给予简要介绍。

（一）凭证式众筹

凭证式众筹指的是将互联网中的凭证和股权进行捆绑式销售来筹集资金，出资人购得相关凭证的同时，直接获得创业企业或项目的股权。投资者不仅可以获得非金钱收益，如"电子杂志阅读"权力、"市场培训"政策等，还可以获得股票收益占公司收入比例的分红。如果投资者不愿意继续持有凭证，就可以将凭证转让出去，或者要求筹资者回购。

（二）会籍式众筹

会籍式众筹是通过互联网上熟人介绍，出资人以投入资金方式直接成为被投资企业的股东。身为同一圈子的人共同出资去完成一件大家都想做的事情。出资人在成为会员后，既可得到更符合自身需求的产品及服务，还可在获得利润的同时，在社会中收集更多资源和链接。会籍式股权众筹成功的原因主要有三：一是对出资者门槛和标准有一定限制，不仅要求出资者的财务状况达到标准，其出身、地位、生活方式，甚至性格也需要达到一定标准。二是参与者的信任感。出资者通常是熟人或圈内人士，且召集人须具有强有力的人脉影响，以搭建稳固的信任基础。三是具有价值保障机制。所有人聚会的目的并不是为了赚钱，可能是人脉资源、社会地位、特别体验等，在出资者中要达成共识。

（三）天使式众筹

不同于凭证式、会籍式众筹，天使式众筹模式类似于天使投资或风险投资，出资人在互联网上寻找投资企业或项目，通过注入资金成为公司股东，其目的在于获取财务报表。

通过众筹平台，筹资者（创业公司）发布项目后，对项目评价较高的参与者将作为龙头企业签约投资，其他出资者跟着认投。待该项目的天使期融资完成，所有出资人依各自出资比例在股权转让范围内占有出让股份，紧接着公司开始进行有限合伙的设立、投资合同的签订、业务流程和工商手续的线下转让等程序。中小企业商业项目，尤其是运用高科技技术并且创意新颖的项目选择天使式众筹更为适合。在融资过程中发挥主要作用的是领投人，其在认投后还会和企业家共同确认价值和条件并协助投资，帮助和鼓励企业家与他们讨论公司的关键问题、协调各认投人之间的关系。

更为精确地说，天使式众筹即股权众筹模式的典型代表，其与实际生活中的天使投资、风险投资的最大区别就是通过互联网进行募资。之所以称其为"全民天使"是因为通过互联网的方式为许多潜在出资人创造了投资的机会，而且对出资人几乎没有条件限制。

五、众筹融资的运作流程

总体而言，站在众筹项目发起人、支持者和众筹平台的角度，按照时间上的先后顺序，我们可以将众筹项目的基本运作流程做如下概括：

（一）前期准备

这一阶段主要是项目发起人在项目创意构想、项目团队组建、项目前期资金准备、项目前期市场调研等准备工作的运作。这一阶段以项目做好众筹平台的众筹准备工作为标志。

（二）众筹项目在众筹平台进行发布

首先，项目发起人在综合考虑项目类型、平台特点等多种因素后，选择特定众筹平台，注册为该众筹平台项目发布人，根据平台的项目发布规则，逐一填写众筹项目相关内容，此时，众筹项目还只是众筹平台的后台资源。然后，众筹平台会对该项目的真实性、可行性及相关项目风险等内容进行调查、监督审核，最终决定是否接受项目。最后，如果项目获批，可以向平台前端公告，即网页众筹项目页面。在这一过程中，众筹平台可以和项目发起人共同完成项目的需求分析、视频图片文案等包装和选择适当的项目营销推广方案，并通过这些努力在项目发布后获得更多的关注和支持，促成项目的成功众筹。

(三) 项目的众筹过程

这一过程会涉及项目支持者、发起人和众筹平台。项目支持者注册为众筹平台会员之后，可以浏览平台上的众筹项目，支持者在综合考虑众筹项目本身各项条件、经济实力、个人兴趣等因素，与项目发起人进行一定的沟通之后，选择特定项目进行支持并完成付款，则成功完成个人的项目支持。项目发起人需要在此过程中随时关注并及时反馈项目关注者的咨询、问题，合理考虑并适当采纳关注者的各项建议。同时，项目发起人应尽可能发挥社交网络等功能，对项目进行更大范围的宣传和推广。众筹平台在此阶段主要负责处理已支持众筹资金与项目发起人的对接问题。

(四) 项目的众筹结果

在特定的项目众筹期限之内，项目的众筹资金目标完成，则项目众筹成功；反之则失败。如果项目众筹成功，涉及的是众筹平台如何将已筹资金与项目发起人对接的问题。当前的已筹资金的对接主要有两种方式：第一种方式是在项目众筹成功后，众筹平台一次性将资金转给项目发起人。这种方式的优点是有利于项目发起人有更充分的资金空间进行项目的实施，而缺点是众筹平台难以监控项目的实施来保障投资者的利益。第二种方式是众筹平台根据项目的实施进展分阶段将已筹资金转付给项目发起人，这样有利于督促项目发起人控制项目实施的风险。如果项目众筹失败，通常的做法是将已支持的资金退回给项目支持者，即众筹平台退付资金给项目支持者。

(五) 成功众筹项目的实施

此阶段是项目的落地过程，涉及的问题和因素也很多。项目发起团队应该按照项目计划逐步完成该项目，及时公开并反馈项目进行过程中的信息，并最终兑付对项目支持者的承诺。众筹平台可以提供各种创业指导服务，监管项目众筹资金使用情况，监控项目实施风险，防止欺诈，以促使项目顺利完成，保证支持者的信心。项目支持者应积极给项目提供各种意见和建议，监督项目实施，促成项目实施并获得回报。

六、众筹参与者的激励

（一）项目发起人

众筹项目发起人出于不同的动机可以采用不同的众筹方式达到不同的目的及获取各种利益。从筹集资金的角度看，众筹项目发起人的动机包括降低项目资金筹集成本，利用网络和信息扩散吸引更多的投资者，同时带来更多的监督和风险管理。从开发和推广产品的角度看，通过众筹，项目发起人可以缩减新产品开发的时间周期、吸引用户关注并增加和潜在用户的沟通以便完善新产品，可以帮助企业预测产品投放市场的潜力，还可以在产品正式进入市场之前获得有关产品的价格信息、需求信息、设计改进信息、潜在买者的数量或特征、与客户的互动等反馈信息，以便更好地定位、评估市场，进而改进产品后投入市场，也可以通过众筹获取第一批客户资源，这也是在互联网时代所谓"粉丝经济"的重要支撑。从公益和梦想的角度，众筹可以获得更多的关注，为项目完成带来更多机会。总体而言，众筹可以通过更大的范围、更多的个体，利用集体智慧，增加项目的效率，达到 $1+1>2$ 的效果。

（二）项目支持者

众筹项目支持者的支持是众筹活动完成的关键。大众参与项目的动机分为内在动机和外在动机两个方面：内在动机是指通过参与某种项目获得愉悦感和趣味性；外在动机是指外部回报，包括金钱、物品、职业发展、学习、认可或仅仅对目前产品的不满意。因此，在预售式众筹、借贷式众筹和股权式众筹中，应采用经济激励的方式，而在公益性众筹中，支持者希望通过投资获得认知价值得以实现的期待感、企业发展后的成就感、相同投资人之间交流的社交情感和归属感，利他主义的精神满足感等。所以，应该以社会动因去激励他们。

（三）众筹平台

众筹平台参与众筹的动机都可以归结为获得一定的资金回报，区别在于众筹平台通过何种方式获得其价值回报。主要有以下3种方式：

（1）抽取佣金的方式：众筹平台以从平台上成功完成众筹的项目收取项目筹集资金一定比例的费用的方式作为盈利来源。

（2）提供收费服务的方式：通过向项目发起人提供众筹及创业的各项专业服务的收费，以获取利润。

（3）整合资源或进行项目投资孵化的方式：众筹平台可以先吸引尽量多的网络流量，这也意味着各种资源的集中，进而平台可以通过资源的整合创造利润。此外，众筹平台还可以通过对掌握的优势项目资源进行更严格的审核和挑选，然后直接进行投资，再利用更方便的专业资源对项目进行孵化，以项目未来的成长收益作为平台的收益。

第四节　信息化金融机构

一、信息化金融机构的含义

信息化金融机构是在互联网高新技术支持下对传统运营流程、服务产品等进行再构，实现银行、证券和保险等金融机构的全面信息化管理，如互联网银行、互联网证券、互联网保险等。原有的金融服务模式被互联网技术所改变，开创了网上银行、网上保险、网上证券和网上理财等多种模式。传统金融机构将各种金融业务通过互联网进行开展，不但降低了物理网点和各种资源的投入成本，而且运行效率更高，创造了更多价值，提高了核心竞争力。

信息化金融机构是金融互联网化的具体表现，主要包括传统金融机构的电子化模式、基于互联网的创新型金融服务模式、金融电商模式等运作类型。

二、金融机构信息化历程

经历了从电子设备在银行业的最初使用和普及，到银行的网络化建设和应用，中国银行业的信息化至今已经走过了20多年的发展道路，大体经历了三个阶段：第一个阶段，是以电子银行业务为主的阶段。20世纪70年代末到80年代末，银行开始采用信息技术代替手工操作，实现银行后台业务和前台兑换业务处理的自动化；第二个阶段，是以连接业务为代表的银行网络化建设阶段。20世纪80年代末到90年代末，我国银行业实现了处理过程的全过程电子化；第三个阶段，是从20世纪90年代末一直持续到今天的以业务系统整合、数据集中为主要特征的金融信息化新阶段。随着计算机信息化建设的不断发展，金融机构在信息技术领域的工作从最初的全面管理，为工作机制提供技术服务和系统研究与开发，转变为执行总部和管理机构的标准和规则，并确保网络在该区域的安全和稳定运作。

中国保险业信息化进程总体上经历了三个阶段：从20世纪80年代至90年代初，这是一个初步阶段；在20世纪中期和后期，随着互联网的出现，一些主要的国内保险公司开始对办公室系统进行信息化处理。随着技术的发展，中国保险公司正在加快使用网络整理信息。基本采用了电子保险政策，使商业保险程序计算机化，所有大型保险公司都已开始系统地整合其企业内容；作为一个新的飞跃，保险业目前正在积极从事电子化工程，不断开发新的保险产品，提高了保险计费的精算效率和科学性。

我国证券业信息化起步较早，发展较快，证券业最早应用信息技术的是证券交易所。1990年，上海证券交易所利用网络完成了第一笔交易。1992年，深圳证券交易所正式启用复合系统。十几年来中国证券市场快速发展，目前证券交易所信息化的主要成就包含四个方面：交易系统的信息化、信息平台系统、通信系统和监管系统。证券公司作为证券业的主体，也是证界信息化的主体。目前国内所有的证券公司都建立了网上交易系统，通过互联网实现了个人公司互联和集中交易，在管理、决策和风险控制方面也基本实现了信息化，包括稽核系统、财务系统和统计分析系统等。

2013年，金融行业的信息化发展步入创新机遇期。数据和业务的集中建设已逾 10 年之久，传统金融行业包括银行、保险、证券等都在迈向信息化的发展时代。金融服务作为云计算、大数据信息、移动和智能资源、社交网络等第三方基础设施，已经成为金融业创新和有意义的新手段。

三、信息化金融机构的特点

金融业正在朝着信息化方向发展，金融创新的产物即信息化金融机构。当前金融行业正从金融机构信息化向信息化金融机构方向发展。总而言之，与传统的金融机构相比，财务信息系统具有以下特点：

（一）金融服务更加有效方便

基础信息体裁的投入和更新，改变了传统金融机构的工作方式，显著提高了工作效率；金融机构的信息体裁改变了传统的程序，以互联网技术为基础的信息体裁层次更高，在服务和产品开发方面也取得了自己的成就，为客户提供更高效、更舒适的金融服务，已成为信息化金融机构的特点。

从用户体验出发，通过业务流程和产品服务的改造，以及标准化的操作和在线化业务，信息化金融机构简化了很多业务流程，过去很多需要用户去金融机构网点办理的业务，可以直接简化为用户的自助行为。这种自助行为或者借助于金融机构广泛建设的智能硬件投入，或者借助于网络终端得以实现。存取款作为商业银行最重要的业务，过去人们必须携带存折去银行的实体网点办理，哪怕只是取小额的现金也得去银行，而现在通过 ATM、VTM 等设施，人们可以很方便地自助存取款，免去了到银行排队等待的过程。即使在排队等待这个细小环节，现在很多金融机构的营业网点也都运用了喊号机，这种信息化设施的投入，使得金融机构的业务办理更加高效有序。人们只需轻触手机屏幕，就可通过手机银行、网上银行轻松完成转账、投资理财等业务。对于想进入股市投资的新股民来说，过去办理开户业务必须本人亲自到营业网点办理，而 2013 年上半年，国泰君安等券商已经率先推出了在线开户功能，只需要输入个人信息，手持身份证拍照取样就可以完成开户过程。

（二）资源整合能力更为强大

对于金融机构来说，其管理的资产比较特殊，一般是来源于负债性业务，风险系数较高。金融机构信息化建设可以实现现代金融机构的整合，同时在信息化建设的支持下，金融机构将其内部控制整合到公司治理结构中，以达到统一的标准，实现联通的目标。通过媒体构建统一的内部控制体系，金融体系的制度结构日益凸显。以银行为例，现代银行业务分布非常广泛，对于一个规模较大的银行来说，其信贷业务可能遍布于某一行业的整个产业链中。在信贷链条上，可能有几万家上游企业，同时可能有几千家下游企业，它们之间是相互关联的。而下游企业相互之间就可能有直接的业务往来，身处这一产业链中的银行完全可以把上下游结合起来，这也就是所谓的供应链金融。所以，这个方面系统的整合就是要真正实现将现代科学技术与企业或者银行的经营理念、核心业务管理方式和客户服务进行高度融合，使银行的经营更具活力。

（三）产品技术更加成熟

金融机构信息化建设可以促进金融资源的多元化发展，新型创新金融产品层出不穷。作为银行业创新产品——手机银行的出现，为人们在转账、生活缴费、投资理财等方面提供了极大的便利，人们只需轻触手机屏幕一切都可以马上做到。增加金融资产管理已成为金融资产改革的重要体现，更加接近平民的理财产品不断增多，消除了人们对金融市场产品管理体系的高起点认识。金融市场也实现了在线市场的整合创新。在为人们的日常生活带来便利的同时，也拓展了金融机构自身的服务空间。

第五节 互联网货币

世界上最早的互联网货币是由 Beez.com 推出的一种叫"网豆"的货币，网络用户可以在 Beez.com 上免费申请账户，然后得到一定数量的"网豆"。经过几十年的发展，出现了多种在互联网上流通的货币，互联网货币市场已经初具规模,发展为重要的支付方式。在我国,互联网货币已经达到每年几十亿元的规模,并且仍以每年 20%以上的速度快速增长。2012 年以来,支付服务已经成为金融领域创新的重要组成部分,互联网货币则是其中最显著的一部分。互联网金融的支付方式革命也大量地体现在互联网货币方面。

一、互联网货币产生的背景

互联网货币是伴随着互联网的网络增值产品和服务的产生发展而出现的。互联网货币又称为虚拟货币,是一种以交易媒介的方式存在,在互联网中以比特流这种数字形式存储于物理介质中,并且在网络这个虚拟空间中消费虚拟产品和增值服务的货币。

互联网货币的产生有如下背景:

(一)虚拟市场和电子金融的出现

通过互联网消费者获得了大量交流与沟通的场所,同时企业也开辟了新的经营市场。借助互联网技术,电子商务造就了一个虚拟的市场交换场所——基于网络空间的虚拟市场。伴随着虚拟市场的出现,虚拟经济被提了出来。虚拟经济是指以信息技术为工具所进行的经济活动,而互联网货币是虚拟经济的具体表现形式,是构建与现实经济相平行的互联网虚拟经济活动,而互联网货币是虚拟经济的具体表现形式,是建构与现实经济相平行的互联网虚拟经济的价值交换基础。

除了虚拟经济所产生的促进力量,互联网货币的出现也离不开互联网技术在金融领域引起的发展变革。全球经济一体化、网络化的潮流对传统金融产生了重要影响。与此同时,电子商务依托互联网技术的快速发展,也提出了对电子金融的需要。

电子金融是以网络技术为支撑的在全球范围内的所有金融活动的总称,除了金融业务的电子化,还包括网络金融安全、网络金融收管等诸多方面。存在于电子空间的电子金融活动具有虚拟化、网络化的特点,是适应电子商务发展需要而产生的网络时代的金融运行模式。

虚拟经济和电子金融为互联网货币这样的虚拟交易媒介的出现奠定了基

础，而同时期网络游戏的快速发展，使得互联网货币找到了第一个让它大放异彩的舞台。2013年9月美国数字游戏销售额达9.7亿美万，比2012年同期增长了6%。网络游戏本质上是数字化的服务，面向的用户100%为网络用户，所以其消费全部是在互联网中完成的。互联网货币将用户的娱乐体验及其消费支付都集成在网络游戏平台中。用户在体验前通过各种渠道对其互联网账户进行充值，在体验过程中用户则可以根据需要随时支付，随时获得相应的服务，这给网络用户带来了极大便利。

（二）从法定货币到互联网货币

法定货币是在政府法令约束下进行合法通行的货币，其不作为实质的商品或物品，发行者也不具有将货币兑现为实物的义务。法定货币的价值来自其购买力，货币本身并无内在价值。

一般来说货币具有三种基本功能：计价单位、交换媒介和价值存储。随着全球经济一体化以及互联网的快速普及，法定货币自身的局限性逐渐体现出来。首先，由于政府为了刺激经济的增长而选择不断地增发货币。这便导致了货币的贬值。其次，法定货币存在的价值是依靠政府的信用，当政府的信用垮台时，政府发行的法定货币就不再具有上述三种功能。所以对于没有发行机构的互联网货币来说，并不存在增发问题，互联网货币的来源是全世界所有能接受这种形式的货币的人。如果接受互联网货币的人足够多，它的信用价值甚至会比法定货币更可靠。

二、互联网货币的类型及特征

（一）互联网货币的类型

从其发展和特点来看，可以分为两种类型：

1.互联网货币封闭在一个特殊的平台上

特定平台主要是指网游平台、虚拟社区、电商网站等可进行交换和交易的互联网平台。这些个台上封闭运行的货币主要包括：Q币、百度币、亚马逊的Amazon币等。这类货币只能用于其所属平台，可用于买卖虚拟物品，也有一定的积分和促销功能。目前我国较为流行的此类互联网货币如表2-1所示。

表 2-1　我国在特定平台上封闭运行的主要互联网货币

币种	发行公司	使用业务和服务	购买价格	购买方式
Q币	腾讯	QQ会员、QQ游戏等	1Q币=1元	财付通、银行卡、网络充值、手机充值、一卡通充值等
U币	新浪	新浪邮箱续费、网游点卡购买、单机游戏下载等	1U币=1元	固定电话、手机、网银等
百度币	百度	影视、网络游戏等	1百度=1元	银行卡、神州行卡、联通充值、网银等
狐币	搜狐	付费增值产品及服务	1狐币=1元	银行卡、电话银行、邮局汇款等

2. 具有传统货币属性的互联网货币

还有一类互联网货币具有更多传统货币属性，更接近传统货币的虚拟货币如表2-2所示，包括Bitcioh（比特币）、Dogecoin（狗币）、Ripples（瑞波币）、Litecoin（莱特币）等。这类网络货币是由互联网技术和电子商务发展起来的，已经达到了标准和现实的货币体系。

表 2-2　全球具有传统货币属性的主要互联网货币

币种	发行时间	产生原理	发行数量	特点
比特币	2009年	基于数学和密码学	总数量将被永久限制在2100万个	去中心化、全球流通、专属所有权、低交易费用、无隐藏成本、跨平台挖掘
狗币	2013年	基于Serypt算法	1000亿个全挖出后，每年挖50亿个	小费文化背景、慈善人文背景
瑞波币	2011年	基于数学和密码学	1000亿个	Ripple系统中唯一的通用货币，没有网关的限制
莱特币	2011年	基于比特币协议，使用了Scrypt加密算法	发行数量每四年减少一半，最终达到总量8400万个	去中心化、平均2.5分钟的交易确认，挖掘更容易

(二) 互联网货币的特点

相对于传统货币，互联网货币最明显的特征是虚拟化，如同其定义所述，比特流这种数字形式存储，从功能作用来看，互联网货币还有一些更加重要的特点。

1. 去中心化

Uber 的出现使得人们出行更加便利和环保，同时可以节约成本；众筹网的出现使得小微企业以及个人的创业梦想能够更快地得到更多人的资金支持；通过 MindMixer 可以让政府在一个更加公开透明的环境下搜集公众的意见。与此同时，互联网货币同样面临着不可阻挡的"去中心化"大趋势。对于互联网货币而言，去中心化就是指不依靠任何特定的货币机构发行，人人都可以成为货币的发行者，没有中央银行的监管，并且可以使用遍布整个网络节点的分布式数据库记录交易。

2. 更便捷的交易

互联网货币在交易，特别是在跨国交易方面具有很大的优势，它们能够实现多种货币的快速收付，并且在交易过程中免除了银行传统兑汇业务中的各种手续和等待时间，进而使得互联网提高资金的流通效率，并推动跨国贸易中的小额交易。互联网货币对传统货币使用的各个环节进行了"简易集成"，如开户、购物、支付、电子发票等。在这些环节中，用户不需要再次输入自己的个人信息，几秒钟就能完成交易。此外，由于互联网货币是一种数字化的货币，也在一定程度上增加了交易的便利性。

3. 更低的费率

原有银行体系下的高额交易与经费促进了完全的数字化传输，并且促进了不需要第三方参与的互联网货币的快速发展。相比于传统交易方式，互联网更低费率的特点对于那些净利润率较低的企业来说具有很大吸引力，比如电商公司等，而这些企业也是当前商业领域中最具有创新力和活力的主体之一。另外，互联网货币也被用于交易成本过高的业务，比如跨境支付和小额支付业务等。

4. 无"假币"风险

法定货币虽然由特定金融机构发行、政府监管，但是假币现象层出不穷，与传统的法定货币不同，互联网货币是一种以比特流形式存在于网络中的虚拟货币，并且使用了密码学设计，可以产生多达数百位的密钥，以此确保了互联网货币在流通过程中各个环节的安全性。

5.无通胀风险

很多互联网货币具有自己的额度上限，比如比特币最多为 2100 万个，瑞波币的上限为 1000 亿个，为了保持互联网货币币值的稳定，它们都有自己独特的发行方式。比如，比特币在发行过程中每四年产出减半，直到无限趋近于 2100 万个。由于互联网货币没有中央银行的控制，因此与不断量化宽松的法定货币相比，没有通货膨胀的风险。

6.促进多领域创新

互联网货币作为近几年来的一项颠覆性技术，也促进了不同领域的颠覆性创新。一是通过使互联网货币参与到全球经济中来，即使没有银行卡和信用卡，人们也能顺利地完成跨国小额信贷；二是利用互联网货币技术可以创造出全新的分享交换网络资源的方式；三是促进支付市场的创新，互联网货币给予人们新的支付方式；四是利用互联网货币加速货币流通速度，帮助用户更好地实现小额付款；五是互联网货币可以让互联网社区真正引入货币性激励。

三、互联网货币的发展趋势

（一）互联网货币的统一

在互联网货币推出之初，各个网站都各自推出了属于自己的互联网货币，拥有独立的运行体系，网站之间互联网货币的差异会导致互联网货币的兑换变得很麻烦。此时就需要统一的互联网货币执行价位尺度和统一的流通手段。比如，多家发行公司联合决定某家公司代理发行，或者成立新的发行机构发行统一的互联网货币；或者就像法定货币流通一样，通过一定的汇率，使各互联网货币之间可以互相兑换。可以预见，今后统一的互联网货币将是发展的趋势。

（二）促进电子商务的发展

互联网货币的出现消除了互联网收费与网络私密性之间存在的矛盾，对网络商品交换予以保障，促进了电子商务的发展。

传统的电子商务付费方法基本采取直接交易模式，用户直接付费给服务商才能购买相应的产品和服务，此时收费和用户隐私必然构成矛盾。互联网货币作为一种新的支付媒介使得网络付费行为构成间接交易模式，用户将现实货币兑换成互联网货币。使用互联网货币消费服务商提供的网络服务，而不需要与服务商直接打交道。

（三）互联网货币交易更加发达

1.互联网货币对发展网络服务产业有促进作用

作为一种高效的支付手段，互联网货币对网络信息商品和服务的迅速发展起着至关重要的作用。互联网货币促进了新兴的网络信息商品的制造、生产和流通，涌现了大量的新兴网络信息商品和服务供应商并提供了丰富的商品和服务，进而以提供多样化信息服务为主的规模产业形成了。

2.互联网货币对新型支付工具的发展有促进作用

互联网货币作为交易双方一种新型支付手段，与传统现金和转账支付相比，具有非常大的优势，并且互联网货币本身便是在科技的推动下产生的，也将伴随科技的发展继续提升。互联网货币的出现刷新了我国电子支付系统，随着计算机技术、通信技术和网络技术三者的结合，互联网货币的应用领域将得到不断拓宽，推动互联网货币的进一步发展。

第六节　大数据金融

中国金融业经历了10多年的高速发展，已步入了转型时期，经营模式将从"以产品为中心"向"以客户为中心"转变，管理模式将从"粗放型"向"精细型"转变。为了能够更加迅速、全面、准确地了解与掌握客户需求，传统的"经验依靠型"必须向更为精细、可靠的"数据依靠型"转变。大数据时代的到来，使得这一进程得以实现，大数据金融也将对传统金融企业产生颠覆性影响。

一、大数据金融的含义

大数据金融，是指利用大数据开展的业务，即对海量数据、运用大数据、云计算等新型互联网技术，对客户交易数据进行分析，将客户的全面信息呈现给金融机构，在分析和研究有关商业和消费者消费的信息时，应该观察消费者的消费模式，预测消费者的消费行为，提高金融服务平台效率并降低信贷风险。

从广义上来讲，整个互联网上所有需要依靠挖掘和处理海量信息的线上金融服务都属于大数据金融。换句话说，无论 P2P 还是众筹等互联网金融行业的核心均是大数据金融。从狭义上来讲，大数据金融是通过分析商家和企业在网络上的交易数据，对其线上资金融通和信用进行评估的行为。

不管是哪种定义，对商家和客户的大量数据进行收集、存储、挖掘和整理归纳是大数据金融的核心内容，以便互联网金融机构能够获得客户的全面信息，在掌握客户消费习惯的基础上准确预测客户行为。

二、大数据金融的优势

大数据金融正从金融交易形式以及金融体系结构两个层面改造金融业，其具有五个优势。

（一）成本低廉、产品实用

由于这种资金融通是以大数据云计算为基础，以大数据自动计算为主而非人工为主参与审批，成本低廉，不仅能为小微企业提供金融服务，而且客户可根据自身生产周期需求，灵活选择贷款期限。同时，大数据金融具有边际成本低、规模效益显著的特点，也必将促使更符合市场需求的产品出现，产品更能得到消费者的认同。

(二)放贷快捷、服务个性

大数据金融长期以大量的信用及资金流的大数据为基础,便于运用大数据金融的企业快速计算得出信用评分,并采用网上支付手段,对有贷款需要及信用评分大数据进行实时放贷。大数据金融服务还可有针对性地根据每家企业的个性化融资要求,做出快速、准确、高效的金融服务。

(三)科学决策、数据化管理

基于大数据金融做出的决策更加科学,减少了不良贷款的发生。对信用分配、风险评估、实施授权、识别欺诈等问题,大数据金融也能予以解决。同时,风险管理的主要手段将为基于数据挖掘的客户识别和分类,风险管理的常态内容不再是回顾式的评价,而是对实时动态的监测。

(四)网络化展示、降低信息不对称性

大数据的金融产品和金融服务通过特定的网络渠道展示在公众面前,这对金融实体营业点的冲击不容小觑。开放平台上金融服务、金融产品交易双方之间的信息对称性增强了,用户对金融产品或金融服务的反馈和支持评价也会实时地展现在消费者面前。

(五)金融创新监管缺乏效率

大数据能够为金融带来的一个创新是高频交易,其在交易中占了很大的部分。但是,高频交易也会引发一些难题,如大量抛售等,发生于2010年5月的"闪电暴跌",令道琼斯工业平均指数突然大跌。除此之外,大数据中的一个数据点出错就可导致"无厘头暴跌",2013年4月23日,黑客入侵美联社Twitter账户,谎报白宫发生两起爆炸,总统奥巴马受伤,致美国股市闻讯短暂大跌。

三、大数据与金融结合的模式

大数据的技术优势以及大数据与金融的天生适应性,使未来金融依赖大

数据技术成为必然。大数据与金融结合，主要有五种模式：

（一）以垂直搜索为核心的互联网金融服务平台模式

利用大数据技术收集行业链中上游和下游企业的数据，以便建立行业联盟平台，将各种金融服务和回报率结合起来，为用户提供垂直搜索功能，让用户选择比较。为金融机构在互联网上销售金融产品提供知识服务的精确金融产品，充分开发和满足用户的个人需要，解决交易中信息不对称的问题，同时实现资本供应双方之间的信息交流和业务交流，实现业务往来和双赢。

（二）互联网金融 C2B 模式

"客户对商家"模式（C2B）强调客户主导和以客户为中心。它的本质是建立一个强大的采购集团，通过合并和分配大量的用户来改变"一对一出价"的弱势地位，允许一个用户以大批发商的价格购买一个产品，有效地减少了购买成本。

（三）民营互联网银行模式

互联网银行依靠移动互联网终端，它的资本来自民间，向小型企业和微型企业以及个人提供综合金融服务。互联网银行利用网络平台和中介的优势，利用现有的主要客户群体和成熟的业务领域，扩大其业务范围，促进供应链融资，利用大数据技术分析社会网络等。建立一个风险管理系统，与传统银行进行有区别的竞争，并强调自己在服务和质量方面的服务优势。

（四）基于线下担保、数据开放的 P2B 模式

P2B 的网络信贷风险管理和监督不力，信贷链和"跑路"等现象经常发生。建立基于互联网保障和公开数据的个人之间的 P2B 模型，并为小型企业和微型企业提供金融服务。借贷人从担保机构获得担保，担保机构可以在一定程度上保护投资者的权利和利益。P2B 模型包括个人投资者、信贷公司、P2B 在线贷款平台、第三方保管机构和商业担保机构。P2B 平台主要是供资需求个体投资者与需要贷款的小型企业和微型企业之间的桥梁。

（五）构建商业银行"四位一体"的商业服务模式

在大数据和云系统背景下，传统商业银行不得不进行政策调整，构建智能银行、移动金融、电商会融、在线融资"四位一体"的创新模式，促进传统商业银行的互联网金融创新。

大数据与金融结合的模式，使得大数据金融的优势得以发挥。拥有大量用户行为数据的公司，都在通过整合自己掌握的数据，寻找突破正常金融业的突破口。网络的发展不仅增加了公司本身所拥有的数据量，而且还能使公司贴近客户，掌握客户的需求，推出非标准化但精准的服务，使客户依赖度增大；公司可以通过自己的信用研究系统获得信用管理，这样一来企业实际上降低了坏账率，增加了服务量，提高了小微企业的融资比重，降低了操作成本和服务成本。

第三章　互联网金融发展现状

国内互联网金融经过近十年的发展，获得了惊人的成就。但是这个成绩的取得并不是一蹴而就的，而是通过一个个细分子行业一点一点的累积而发展起来的。到目前为止，对整个互联网金融行业还没有一个准确的划分，但可将互联网金融分为五种主要业态：移动支付、P2P 网络借贷、众筹融资、互联网理财（或互联网基金）和金融互联网化。本研究报告就针对这五种主要业态来分析国内互联网金融的发展现状。

第一节　移动支付发展现状

移动支付，是通过依靠买家和卖家以外的第三方企业提供支付支持服务。具体而言就是交易双方通过具有实力及信誉保障且与银行签约的第三方机构提供的交易支持平台完成交易。

在销售点终止业务时，买方应当先确定购买的货物，通过第三方提供的账户进行支付，然后通知出卖人收到货款并准备运输；买方收到且对物品进行检验后，方可确认收货，由第三方将货款转给商家。

第三方支付通过互联网在客户、移动支付公司和银行之间建立连接，帮助客户快速实现货币支付担保和技术保障等作用。

2002 年中国银联成立，移动支付在我国得到了迅猛发展。数据显示，2013 年我国各类移动支付机构交易的总体规模达到 17.9 万亿，相比去年增长了 43.2%，其中线下的 POS 机成交额占比约 59.8%，网购交易额占比约 33.5%。2014 年，整个移动支付行业的市场规模又出现了明显的增长。

截至 2014 年 12 月末，国内移动支付机构各类支付业务的市场规模已经超过 23 万亿元,而在 2009 年,这个数据只有 3 万亿元,增长幅度超过 700%,而平均每年的同比涨幅均在 30% 以上,整个行业正处于高速增长的时期。

从 2007 至 2014 年三种支付方式的支付规模来看,第三方银行卡收单支付的规模最大。仅 2013 年就实现交易超过 13 万亿元,而紧随其后的是第三方互联网支付,2014 年实现交易规模 80766.4 亿元,第二方移动支付近 6 万亿元。虽然目前第三方移动支付的规模最小,但是从近几年的增长情况来看,移动支付的增长速度无疑是最快的。从 2012 年年末开始,国内支付行业正式迎来移动支付时代,而伴随智能机的普及,作为移动端的手机支付越来越受到欢迎。因而,移动支付也在 2013 年迎来了爆炸式增长,2013 年也被誉为"移动支付的元年"。

而从行业格局来看,银联和拉卡拉是目前线下支付服务的主要提供商,但随着互联网技术的普及,传统的线下支付已经无法满足人们的便捷性需求,而以支付宝、财付通、快钱、汇付天下为代表的线上支付正逐渐蚕食传统线下支付业务。目前,互联网支付正成为最主要的线上支付手段之一,在互联网支付领域,支付宝无疑是市场的领军者。借助阿里巴巴强大的电子商务平台,支付宝始终占据着市场的龙头地位。随着移动支付产业的逐渐开放,市场的竞争也在逐渐加剧,其他互联网支付企业也将对支付宝的市场份额产生严重的冲击。

在移动支付领域,互联网支付无疑对整个互联网金融行业的发展起着重要的支持与推动作用。互联网支付是建立在互联网基础上的移动支付手段,是互联网金融的重要产物,在互联网金融领域具有举足轻重的作用,而其中最主要的是两种互联网支付和互联网移动支付。

一、互联网支付行业分析

随着技术的推进,互联网支付逐渐成为移动支付市场的主流之一,据 wind 数据显示,从 2007 年的不到 1000 亿元到 2014 年的近 8 万亿元市场成交规模仅仅用了 7 年时间,年均复合增长率超过 30%。

而在市场份额方面,支付宝、腾讯财付通和上海银联商务占据前三,这三家公司份额合计约占整个市场交易份额的近80%，"八二现象"明显。

二、移动支付行业分析

移动支付也可叫作手机支付，即用户使用手机支付其消费的商品或服务费用。个人可以借助移动设备、互联网或者近距离传感直接或间接向依托的银行金融机构发送支付指令从而产生货币支付与资金转移行为，实现商业交易。而智能手机的普及以及技术的进步是实现我国移动电子商务的基本保障。

2013年是真正的移动支付元年，很多移动支付企业借助远程技术及支付终端成功切入移动支付领域，移动支付给整个支付行业的商业形式和营销模式带来了巨大的变化。越来越多的企业加入到了第三方支付市场，这为移动支付市场创造了有利条件。以前，只有运营商通过短信付款和扣除移动电话费用等方式进行，而如今，移动支付的参与者包括运营商、银行、银联、移动支付、终端制造商等，支付方式越来越多样。

目前，移动支付主要分成三个方式：移动互联网支付、短信支付和近端支付。表3-1显示了2013年移动支付行业的市场格局的变化情况。

表3-1　2013年移动支付规模占比情况　　　　（单位：%）

日期	移动互联网	短信	近端
2013年Q1	69.20	28.10	2.70
2013年Q2	80.10	17.40	2.50
2013年Q3	92.70	6.40	1.00
2013年Q4	98.00	2.50	0.30

数据来源：wind资讯

从第三方移动支付市场规模占比情况来看，移动互联网支付无疑是最主要的来源，而且其占移动支付行业的币种也从年初的69.2%增长至年末的近98%。而短信支付和近端支付的市场份额急速下降，一方面是由于市场整体规模的扩大，而另一方面也存在市场挤压的情况，便捷的移动互联网支付在一定程度上取代了短信支付和近端支付。

艾瑞咨询数据显示，2008年至2013年期间，我国移动支付用户规模从0.86亿户增长到2.86亿户，年均复合增长率达35.04%；移动支付交易规模从275亿元增长到12197.4亿元，年均复合增长率达113%。而仅在2013年，第三方移动支付交易规模的增速就超过了700%。从细分市场交易结构来看，交易规模主要来源于转账、还款等个人应用，支撑行业发展的主要场所已不再是移动网购。随着移动电话技术的发展，线下市场将成为包括网络、收单机构、运营商和银行在内的众多利益相关者竞争的核心领域。随着网络市场的逐步发展，支付将以网络化为主，O2O在线市场有望在没有网络化的情况下渗透进行突破。2013年，远程移动支付占移动支付总发行量的93.1%，而以NFC为核心的驱动近端支付在整体行业中仅占0.8%，未获得较大突破。

在厂商竞争方面，支付宝依旧是市场龙头，表3-2显示了2014年第三季度移动支付市场交易份额的情况。可以看出，支付宝依旧处于龙头老大的位置。2014年第3季度我国第三方移动互联网支付业市场格局稳定，支付宝钱包、拉卡拉和财付通平均以79.26%、7.49%和7.37%的市场份额位居前三。支付宝钱包的市场垄断地位无人能及，支付宝钱包是支付宝的手机APP，是支付宝移动支付领域最主要的产品。目前在支付包钱包平台上已经上线了包括水电煤气费、手机充值、信用卡还款、机票、彩票等一系列支付内容，在方便用户的同时将一大批客户转变为支付宝钱包重视的粉丝。专注于便民支付的拉卡拉凭借多年来积累的品牌认知和用户基础，加之拉卡拉在手机推广方面力度较大，使拉卡拉移动支付获得迅速增长。2013年第二季度，由财付通与微信平台合作推出的微信支付，由于线上支付产品具有操作便捷的特点因此收到用户的广泛好评，而作为平台的财付通借助腾讯强大的社交网络，在第三方互联网支付方面强势崛起，特别是近两年非常红火的"微信红包"功能。2015年，仅大年三十这一天，微信红包收发总量就达到10.1亿次。央视春节联欢晚会期间举办的微信摇号活动，互动总量达到110亿次。峰值达8.1亿次/分钟。

表 3-2 2014 年第三季度移动支付行业格局

序列	名称	市场份额
1	支付宝钱包	79.26%
2	拉卡拉	7.49%
3	财付通	7.37%
4	联动优势	1.46%
5	钱袋宝	1.25%
6	连连支付	1.09%
7	银联商务	0.58%
8	快钱支付	0.34%
9	易宝支付	0.27%
10	汇付天下	0.24%
11	百度钱包	0.06%
12	钱包	0.59%

数据来源：易观智库

（3）线下收单行业分析

随着智能终端的快速发展以及"金融脱媒"趋势的日益强化，线上支付行业正慢慢侵蚀着传统的线下收单业务，以支付宝为代表的以网络支付起家的移动支付企业开始扩展线下支付的业务。

截至 2014 年 2 月底，全国共有 45 家具有收单资格的有移动支付机构，其中仅 28 家收单企业具有全国收单的资质，其余 17 家移动支付企业的收单业务还集中在地方。

具体行业细分情况见表 3-3，由于数据更新问题，目前没有关于 2014 年的数据。从表 3-3 可以看出便利支付终端收单的市场份额在 2009 年是 3%，到 2011 年、2012 年占比 5.4%，但 2013 年又有所下降，仍有 4.5%；POS 收单的市场份额从 2009 年的 97%迅速下降到 2011 年、2012 年的 94.6%，而后又攀升到 2013 年的 95.5%。

表 3-3 第三方银行卡收单格局市场格局

年 份	便利支付终端收单（%）	POS 收单（%）
2009 年	3.00	97.00
2010 年	4.80	95.20
2011 年	5.40	94.60
2012 年	5.40	94.60
2013 年	4.50	95.50

数据来源：wind 资讯

来自 wind 资讯的数据显示，2013 年移动支付公司约占中国各类支付业务交易总额的 17.9%，其中 POS 线下支付和互联网支付分别占 59.8%和 33.5%。从中我们看出，移动支付机构中线下 POS 收单交易金额已突破 10 万亿元，未来具有持续增长的趋势。

第二节 P2P 网络借贷发展现状

P2P 网络借贷（peer to peer lending）指的是个人对个人的借贷行为。P2P 网络借贷是将一种将小额零散的资金聚集起来借贷给有资金需求人群的一种商业模型。它的社会价值在于能够满足个人和中小、小微企业资金需求、发展个人信用体系和提高社会闲散资金利用率三个方面。P2P 网络借贷作为一种新兴金融模式出现，它能够很好地弥补传统金融模式存在的缺陷，很大程度上提高我国金融市场的融资效率，促进我国金融市场的健康发展。

P2P 网络借贷是由 2006 年"诺贝尔和平奖"获得者穆罕默德·尤努斯教授首创的"小额借贷"演变而来的。这种借贷关系建立在信用基础之上，其特点是发起灵活、借贷金额小、利率较高。P2P 网络借贷其实质是一种民间借贷，借助于互联网技术将民间借贷网络化，通过网络提升民间借贷的效率。

网贷平台与投资人和借贷人之间是居间合同关系，由平台撮合投资人和借贷人完成借贷法律关系。P2P 网贷平台其主要为网络借贷双方提供信息交换、信息价值认定和其他促使交易完成的服务,但不作为借贷资金的债券债务方。专项服务包括但不限于:信用信息披露、信用筛选、法律程序、投资咨询、逾期款项追偿、增值服务等。

P2P网络借贷这种模式最早出现在英国,是由理查德·杜瓦、詹姆斯·亚历山大、萨拉·马修斯和戴维·尼克尔森四位年轻人共同创建而成,他们于2005年创办了第一个平台——Zopa。经过十余年的快速发展,整个P2P行业已经形成了一大批成熟企业,典型代表有Prosper(美国)、Lending Club(美国)、Zopa(英国)、宜信普惠、平安陆金所、拍拍贷、人人贷等。

从2010年开始,国内的P2P网络借贷行业呈现出快速增长趋势,在平台数量和市场成交规模上都经历了跨越式发展。

在平台数量方面,从2010年国内仅有10家P2P网络借贷平台,到2011年、2012年和2013年平台数量分别增至50家、200家、800家。2014年开始稳定增长,到2014年12月,平台数量就超过了1500家,是2010年的150倍。到2015年2月,P2P网络借贷平台数量接近1600家。

在市场成交规模方面,从2010年仅有6亿元市场成交量,到2011年、2012年和2013年市场成交量迅速扩大至31亿元、216亿元和1085亿元,特别是2013年全年累计成交额是2012年的4.9倍。

2014年,整个P2P行业的成交量又迎来了爆炸式增长,从2014年1月开始,成交量在迅速增长,由1月份的100亿元左右,到12月份已经超过了350亿元,2014年全年P2P网络借贷平台实现成交量2528.17亿元,是2013年1058亿元的2.4倍。

整个P2P网贷行业在发展过程中,虽然遇到了很多问题,但从2014年的走势来看,整个行业的发展走势呈现震荡上扬的趋势。截至2014年底,中国被P2P网贷指数——网贷发展中指数超过1000点,将年初的44点上涨了接近250%。

整个2014年,中国P2P网贷的利率呈现出持续走低的趋势,从年初的110余点,降至年末的60点,跌幅近50%。网贷利率的持续下降的原因主要有:①国家经济发展低迷,步入降息通道,将来的资金面会更加宽松;②行业的内部整治,P2P行业在经历了2014年"跑路"潮之后,投资者加强了对平台安全性的要求,进而导致平台收益率开始下滑。

行业的安全性问题是整个P2P行业最为核心的问题。虽然近几年网络借贷平台的数量和成交量不断增加,但是相比看好这一行业,并决心再次做一番事业的实干家,比抱着捞一桶金就走的心态的"创业者"要更多。

从2013年十月份以来,P2P网络借贷行业就迎来了一次倒闭潮,诸报刊新闻每天都能看到几家平台公司倒闭歇业的消息。这些平台要么是因为管理不善,无法应对挤兑局面,要么是因为资金被挪用而卷款"跑路"。

资料显示,截至2014年年底,全国共有494家P2P网络借贷平台出现不同程度的问题,较2013年底有大幅的上涨,特别是从2014年下半年开始,随着国家对P2P网络借贷行业的监管力度的提升,行业自发性的整顿措施的出台,许多问题平台随之浮出水面,仅2014年10月,全国就有92家P2P网络借贷企业出现问题。

另一方面,随着监管的规范化,市场竞争差距的加剧,网络借贷行业的"八二现象"更加明显。行业中的几家龙头企业将占据市场的更大份额,而许多中小平台公司将面临倒闭的风险。2014年4月底,百度率先对其搜索引擎上进行推广的P2P平台公司进行了清理,目前被百度下线的平台公司数量超过了800家,这一行为将推动行业的重新洗牌,保留下来的平台公司将占据更大的市场份额。与此同时,百度迅速与有关部门、证券公司、保险公司、支付清算协会等机构开展深度合作,制定了P2P网贷行业新的上线规则,通过筛选符合条件的P2P网贷平台,制定了第一批P2P网贷企业的白名单,涵盖目前运行比较规范的十余家P2P网贷平台。P2P网贷行业推广的高准入门槛的建立,最大限度降低网民遭受金融欺诈的风险。

百度P2P网贷企业白名单规则为以下两点:

(1)企业属于中国支付清算协会互联网金融专业委员会成员。

(2)企业获期合作的第三方融资性担保机构,满足下列条件之一:

①由省级以上(含)政府部门、国资管理机构出资设立。

②由省级以上(含)政府部门、国资管理机构的直属企业相对控股。

③由省级以上(含)政府部门、国资管理机构的直属企业间接、绝对控股。

④由国有银行、国有证券公司、国有保险公司相对控股。

目前国内 P2P 网络借贷行业的风险监控体系非常薄弱，而短期之内也无法完全改变。在这种情况下，像百度这样的企业自发性地进行行业重组是一种规范行业发展最切实可行的方案。

第三节　众筹融资发展现状

众筹即大众筹资，是通过网络以"团购+预购"形式筹集项目资金，利用互联网的传播特性，小企业、艺术家或个人可将自己的创意展示给公众，以此获得网友的关注和支持，从而获得资金上的援助。

在中国人民银行《2014 年中国金融稳定报告》中，说明了众筹融资是指"项目发起人通过网络论坛筹集从事的业务或就业预算较小的金融模式，项目发起者为投资者提供一定的回报。"

众筹融资被视为是众包和微型金融相结合产生的结果，融资伴随着两种形式，它是开放的且面对许多潜在的在线受众，使用微金融的常规操作开展正常的小额供资工作，完成向企业或个人提供资金的项目。在某种程度上，这种模式已逐渐取代了银行、天使投资和风险投资，不断加快了"金融脱媒"的速度，突进了经济和金融市场进程。

与传统的融资方式相比，众筹融资更加开放，是否能够获得资金不再以项目的商业价值为作为唯一标准。只要项目能够获得公众的喜爱和支持，都可采用众筹方式募集项目启动资金，给小本经营或创作的人带来了无限可能，典型企业有 Kickstarter、天使汇等。

根据投资参与形式，众筹资本首先分为两类：购买模式和投资模式。而购买模式也可以进一步分类，分为奖励众筹与捐献众筹。投资模式包括债券和股权资本的多融资。

1. 捐赠众筹

捐赠众筹，又称公益众筹，一般为慈善类项目，是指公益机构或个人在众筹平台上发起公益筹资项目，投资人为项目进行资金支持，例如微公益等公益募捐平台等。公益众筹项目的发起，需要符合众筹平台的具体规则。与传统金融不同的是，公益众筹的门槛特别低，对大众的参与性要求较高。目前我国的捐赠众筹还没有得到广泛的关注。

2.奖励众筹

奖励众筹又被叫作实物多元化融资，它是投资于项目或公司，以获得实物商品或服务的回报。在中国，奖励众筹平台有众筹网、追梦网、中国梦网、乐童音乐、淘梦网、点名时间等。

3.股权众筹

股权众筹，是投资者对项目或公司进行投资，获得一定份额的股权，投资人可以通过资本市场转让该股权，获得现金收益。在国内比较著名的平台有天使会、大家投以及浙里投等。

4.债权众筹

债权众筹是指投资者投资一个职位或公司，并从中获得一定比例的个人权利，未来获取利益收回本金，其实质就是P2P网络借贷，在此不再讨论。目前国内发展最好的平台是人人贷。

中国众筹的发展过程分为三个阶段。第一阶段为2011年至2014年，这一阶段的众筹还处于起步阶段，整个行业处于探索过程中，行业内的创新不断；第二阶段为2014年至2015年3月，这是一个适用性很强的时代。经营者和初创企业相互帮助，实现电子商务的重要本质；第三阶段是2015年4月至今，进入众筹平台的孵化阶段，集众筹3.0时代。而众筹3.0时代是合作而不限于电商阶段，包括对创业项目的天使轮、A轮投资。

从目前来看，众筹融资在我国正迅速发展，被越来越多的人所接受，而且更多的个人开始投资国内众筹，众筹募集规模得到了一定程度的增长。在2013年之前，国内众筹平台的数量只有13家，从2013年第三季度开始，每个月才有新的平台上线，而到2014年之后，国内众筹平台呈现大幅增长趋势，截至2014年9月，国内已经有接近100家众筹平台。由于国内投资环境以及政府监管，多数众筹平台上众筹项目之中的股权众筹占据了很大的比重，相比之下，捐赠众筹项目的数量就显得小众化了。2014年上半年，最受用户欢迎的五大众筹平台分别为众筹网、淘宝众筹、海立方、点名时间、中国梦网。根据数据统计，2014年上半年，中国众筹领域共发生融资事件1423起，共募集资金 1.88 亿元，参与众筹项目的人数已经超过了 10.9 万人，根据世界银行的预计，2016 年，世界众筹市场的融资规划达到了 3000 亿美元，其中，中国占据 500 亿美元，这说明众筹在国内将会有一番作为。

第四节　互联网理财发展现状

互联网理财是指投资者利用互联网搜索到的理财服务和金融资讯，根据经济发展环境的变化，通过调整剩余资产的存在形态，实现资产收益的最大化活动。具体包括网上理财信息查询、理财信息分析、个性化理财方案设计和相关的金融产品和服务的交易等。

国内经济经过十余年的高速增长，国民财富水平得到了很大的提升，理财产品作为个人或家庭资产配置的主要部分逐步进入人们的生活。但由于金融产品所具有的复杂性、理财产品的不透明性以及投资者对风险的相对厌恶，理财行业的发展一直受到制约，成为理财行业发展进程中的最大障碍。伴随着互联网金融的春风，互联网理财业务也重新焕发了生机，特别是以余额宝为代表的理财产品，打破了既有的理财模式，在互联网技术的支持下，理财产品的客户群体不断壮大，加快了理财产品业务发展。

与传统理财方式相比，网络理财门槛低，省时、省事，手续费也相对较低。因此，互联网理财吸引了很多的投资者参与。互联网理财具有信息优势、成本优势、时空优势、服务优势、效率和质量优势，而这些优势也使得互联网理财在国内得以迅速发展。代表性的互联网理财产品，如余额宝（阿里）、微理财（微信）等。

从互联网理财产品的情况来看，目前市场上互联网理财产品已经有了 100 余只，其中大部分由银行主导发行，另一部分则由互联网企业主导发行。

截至 2015 年 3 月底，我国互联网理财产品数量已逾 100 只，以银行系产品为主，其中余额宝的规模最大，达到了 5789.36 亿元，超越其他种类的互联网理财产品的整体规模。

天弘和支付宝的合作产生了奇迹般的反响，众多互联网平台纷纷推出类似余额宝的现金管理工具,如数米现金宝、苏宁零钱,包括东方财富的活期宝等,腾讯凭借微信固有的庞大用户基数,在微信平台上加入微信钱包及理财通应用,使得微信也具备了支付及购买理财产品的功能。相对余额宝单一指定天弘增利宝这一只货币基金,理财通提供了广发基金天天红、易方达基金易理财、华夏基金财富宝、汇添富基金全额宝等货币基金,可供用户选择。各大银行也纷纷推出类似余额宝的理财产品,可通过移动终端应用实时申购与赎回。

表 3-4 互联网理财产品收益情况

排名	产品名称	挂钩基金	七日年化收益/%	发行机构
1	百度百赚	华夏现金增利货币 A	6.092	百度
2	苏宁零钱宝(广发)	广发天天红货币	5.167	苏宁易购
3	微信理财通(广发)	广发天天红货币	5.167	苏宁易购
4	微信理财通(汇添富)	汇添富全额宝货币	4.787	腾讯
5	微信理财通(易方达)	易方达理财货币	4.609	腾讯

数据来源:wind 资讯

表 3-5 银行类月报理财产品收益情况

排名	产品名称	挂钩基金	七日年化收益/%	发行机构
1	交通快溢通(富安达)	富安达现金货币 A	7.314	交通银行
2	交通快溢通(华夏)	华夏现金增利货币 A	6.092	交通银行
3	广发慧存钱	广发天天红货币	5.167	广发银行
4	中信薪金宝(华夏)	华夏薪金宝货币	4.82	中信银行
5	兴业宝	大成现金货币 A	4.799	兴业银行

数据来源:wind 资讯

表 3-4 和表 3-5 是目前市场上比较受欢迎的几个类余额宝理财产品的收益情况。这些产品都是货币市场基金,最大的区别在于发行方的性质。表 3-4 互联网理财产品的发行人主要为苏宁、百度、腾讯等大型互联网企业,这些企业是互联网金融最主要的推动者。百度百赚作为互联网中收益最好的理财产品,其 7 天年化收益为 6.092%,是互联网搜索企业百度旗下的产品,通过与

华夏基金的合作，共同推出的一款在线理财产品。而银行类余额宝理财产品中交行快益通的收益最高，7天年化收益率达到了7.314%，比百度百赚高出6.092%。通过类比两类理财产品可以看出，以银行为主导的互联网理财产品收益率更加客观，主要是因为银行在传统存贷业务中积累了丰富的经验，能够有效控制基金运营成本、降低销售费用。更为重要的是，银行在募集资金的投资方面更具优势，货币基金资产主要投资于短期货币工具，如国债、央行票据、商业票据、银行定期存单、政府短期债券、企业债券（信用等级较高）、同业存款等短期有价证券货币基金，在这些方面比银行要具有更多的操作经验和更高的商业谈判能力，因此银行类理财产品具有更广阔的收益率空间。

除上述区别外，互联网理财产品和银行类余额宝理财产品也有很多的共性，即碎片化和便捷的客户体验。通过降低理财产品的投资门槛，吸引了社会大众参与投资，即使是一元钱也可以通过存入理财账户，实现理财梦想。当然，还有便捷的申购赎回转账服务，改变了传统银行理财繁杂的流程，给客户以良好的理财体验。目前无论是互联网理财产品还是银行类余额宝产品，均已实现上述的突破，互联网理财产品提供商也在继续强化这两方面的优势。

第四章　互联网金融发展存在的问题

互联网金融在国内迅速发展，但在发展过程中出现许多问题，现在就互联网金融中四种主要业态来分析其发展中出现的问题。

第一节　移动支付发展问题

围绕移动支付行业的发展情况来看，虽然经历了飞速发展的十余年时间，但是，目前移动支付行业的发展也遇到了很多的问题，既有来自行业内部的因素也有来自行业外部的因素，主要有安全问题和监管问题等。

一、安全问题

随着央行陆续发放的移动支付牌照，截至 2014 年 6 月，我国移动支付企业已超 250 家。然而，移动支付虽使用方便、灵活，但个人信息的泄露也给客户造成极大的损失。

从 2013 年底开始，从之前的风险问题到虚拟信用卡和二维码支付的暂停使用，再到公众熟知的 IC 卡被读取的新闻，如何借助移动支付方便生活的同时又将风险降至最低，成为最应思考的问题。对此，业内专家认为，移动支付的风险防控涉及多个业态、多个渠道，应当推动建设一个可持续发展、健康、共赢的支付安全新生态。同时，专家也呼吁公众关注信息安全问题，培养良好的手机使用习惯，加强自身的信息安全意识。

公安部网络安全保卫局副局长顾坚在 2014 互联网金融支付安全论坛上发言，网络支付的风险远大于传统支付方式。

在互联网支付信息安全日益复杂的同时，商业犯罪与所涉及的风险结合在一起发生。许多移动支付行业的资深从业人员也纷纷表示，支付具有跨界、跨平台发展的趋势，支付市场越来越复杂，但市场经济中大家对防范和控制网上支付风险的重视不够。相对薄弱的产业链风险越大，对全行业的网络安全风险控制提出了更高要求。

目前引起移动支付行业风险的因素，可以归纳为以下几类：

（1）法律定位。在法律定位问题上，几乎所有移动支付提供商都避免在用户协议中将自己界定为银行或非银行金融机构，而是将自己视为网络交易的中介，仅为客户提供网络支付服务的代收、代付服务。但因移动支付协议中涉及用户资金的结算和一定时间的资金代算担保为金融机构的特有功能，在移动支付机构中体现了明显的金融机构特征，这就导致无法对移动支付服务商的法律地位进行准确定位。目前我国法律法规虽已相继制定了如《电子签名法》《电子支付指引支付清算组织管理办法》和《非金融机构支付服务管理办法》等，但仍不具备清晰的法律效力，没有对交易中存在的法律责任做明确规定。

（2）交易安全性。移动支付建立在开放的互联网基础上，借助购物网站和商业银行的网上支付平台实现数据的存储和运输，易出现客户身份被假冒、用户信息被篡改、用户资金账户被盗用等情况。现在网络病毒危害日益严重，其种类和数量繁多，黑客的恶意攻击日益频繁，这些潜在的危机时时刻刻对移动支付平台的安全性产生威胁。移动支付建立在缺乏支付安全审计、业务审计和故障事故报告等方面的安全管理系统基础上，其安全风险尤为突出。

移动支付平台不像网上银行那样有"电子口令卡""U盾"等安全介质做保障，其为客户开设的是虚拟账户。因此，不法分子可利用黑客等手段恶意窃取客户的账号、密码等信息，进而盗取现金。给客户带来经济损失的同时，严重的可导致信用危机。

此外，移动支付机构记录并保留了客户的姓名、联系方式、住址、身份证号、银行卡卡号、密码、资金划转路径等大量关键信息，在缺乏安全防护能力、应用程序存在漏洞、内部人员管理不善等情况下，不法分子均可趁机而入对其进行窃取并利用。

同时，移动支付是集计算机、网络技术与金融融合的产物，不法分子可以利用网络交易具有的匿名性、低成本、资金转移便捷性及不留痕迹的特点进行套现、洗钱等非法交易，还可以通过虚假交易或者链接钓鱼网站等多种手段进行不法活动。基于网络支付的以上特点，一旦客户遭遇损失需要进行维权，在对案件进行查处时普遍存在查处成本高、取证困难、管辖权争议大的问题。

（3）非法交易。移动支付平台可能为非法交易提供渠道。目前电子商务支付市场竞争激烈，而对于大多数公司而言，不管是交易的性质还是交易的结果都可能存在涉及洗钱的非法交易。

在我国移动支付机构发展尚不成熟的环境下，采用各种违规经营手段来抢占市场份额，提高盈利能力已成为行业的潜规则。当前主要存在以下违规现象：

（1）多数机构在不同程度上仍执行中国人民银行明令禁止的行为，如从其他来源接收订单，应用客户 MCC 码，多台机器的使用，使用企业名称错误等。

（2）还有一些所谓的"创新"做法，如利用互联网支付系统，根据网上交易将线下的商业交易转给线上的商业银行，或使客户混淆了消费交易和转账交易，通过不同的部门和渠道的价格不同进行套利等。

（3）在跨国交易中，国内外银行通过办理银行交易和规避外汇监管，采用对冲换汇方式进行交易。

（4）突破权限限制，将网上预付卡改为线下使用。

由于相关的法律法规尚未正式出台，移动支付机构的业务缺乏约束，对长期以来建立的市场秩序造成了严重破坏，市场影响极为恶劣。

二、法律定位与监管体系的局限性

移动支付的法律定位与监管体系方面尚存在以下方面的问题。

（一）移动支付法律体系尚不健全

2004 年以前，我国一直没有出台针对移动支付的专门法律，只是一直参照银行法的相关规定对移动支付进行监管。之后出台了《电子签名法》，中国人民银行相继发布了《支付清算组织管理办法》《电子支付指引（第一号）》《非金融机构支付服务管理办法》等指引性的规章文件。文件中将移动支付定义为非金融机构。按照法律效力层级，《管理办法》和《实施细则》属于部门规章立法，具有的法律效力层级较低，一旦与国家法律、行政法规相冲突就不能适应。同时，《管理办法》和《实施细则》不具备全面的调整对象范围，对于备付金存管、互联网支付以及银行卡收单等新型支付方式没有做出特别规定，央行也没有出台相应的管理办法。可以说，我国目前尚不具备健全的移动支付行业领域法律体系，需继续完善补充。

事实上，第三方支付的清算和结算活动是银行的活动之一。根据《中华人民共和国商业银行法》第 3 条：商业结算是商业银行的中间业务，应当经中国银行业监督管理委员会批准。根据该条的规定，第三方支付的清算业务是非法的。此外，第三方支付的其中一个功能是在电子商务的虚拟世界中对信贷问题提供监督和保障。提供信用是金融机构的基本职能，是对实际银行贷款的重要补充。

就目前而言，越来越多的移动支付机构以非金融机构的身份从事金融机构的业务，通过在电子商务平台创立虚拟账户，以此来为公众提供贷款、进行担保结算等服务。移动支付显然完成了金融业务的复制，并超出银行特许经营范围，导致移动支付业务经营许可问题一直游离于我国法律的边缘。因此，移动支付中资金进入企业账户后的所有权归属，业务合法性等都还不明确，2015 年 7 月的《关于促进互联网金融健康发展的指导意见》仅仅明确了互联网支付归由中国人民银行负责监管。

（二）移动支付公司的发展定位模糊不清

《非金融机构支付服务管理办法》（以下简称办法）中明确规定，移动支付公司所经营的第三方业务主要借助于公共网络或专用网络，实现交易双方的资金转移，这种服务方式被称为非金融机构支付服务。由此可以看出，移动支付公司在办法中被看作非金融机构，而从办法全篇来看，移动支付公司采取的监管规则借鉴了对商业银行的监管办法，如借鉴商业银行的创立条件来限定移动支付机构，对移动支付公司实行审慎性监管。定性的不确定性会削弱央行对移动支付公司的监管力度。

2015年1月5日，上海就曝出移动支付企业上海畅购公司发生资金链断裂问题，仅宁波涉及的资金就超4亿元。2016年1月，上海畅购企业服务有限公司《支付业务许可证》被中国人民银行依法注销。

（三）移动支付法律法规执行力度不足

对移动支付存在的违法行为执行力度欠缺，特别是对沉淀资金的监管，当前移动支付公司对资金的管理仍存在隐患。很多支付公司的客户备付金尚未与其自有资金完全分离、分账核算，这部分资金很容易被挪用，用于购买理财产品和股票等；有的移动支付机构的客户备付金除用于办理客户委托的支付业务外，还可以用于垫付基金和其他理财产品的资金赎回，资金存在很大安全隐患。由此可反映出移动支付监管体系有待进一步加强执法力度，一些支付机构心存侥幸心理，为了盈利视央行监管红线要求而不见，缺乏依法合规经营意识。

在市场准入监管方面，有些支付公司采用短期内经突击借款或突击增资之后迅速抽回的手段，达到《非金融机构支付服务管理办法》的要求，从而获得支付牌照；也有些公司则是经营状况十分差，出现严重的亏损，为了保住支付牌照，母公司不惜用贴钱的方式进行输血。以上情况均反映出央行对移动支付公司的准入审批程序过于形式化，达不到对公司实际情况和经营持续性的有效审查要求。

三、沉淀资金监管问题

因在电子商务中需借助第三方支付平台进行资金流转，买卖双方交易资金得不到及时清算，致使第三方平台中常有大量资金沉淀。如对沉淀资金监管不足，极易造成道德风险和法律风险问题。譬如非法占用或者挪用消费者的存款、越权调用、套现消费者的货款，甚至卷款跑路等。

很多移动支付公司因期限错配可能获得一笔定期或活期存款利息，这就导致了信息的分配问题。当前，我国法律还未对沉淀资金所产生利息的归属问题进行明确规定。除了一些大型的移动支付企业，如支付宝、财付通、快钱等，在中央银行设立专门的账户来储存沉淀资金，其他企业并没有开设此类专门账户。本质上沉淀资金应归属于客户，移动支付机构只具有相应的保管权，但实际上大多移动支付机构却将利息据为己有，而不是给拥有资金所有权的客户。

2011年11月，央行发布了《支付机构客户备付金存管暂行办法（征求意见稿）》，向社会公开征求意见，在这份征求意见稿的第35条规定：支付机构可将计提风险准备金后的备付金银行账户利息余额划转至其自有资金账户（至于风险准备金，征求意见稿中要求支付机构计提的风险准备金不得低于其备付金银行账户利息所得的10%）。通俗地理解，这部分沉淀资金所产生的利息要拿出至少1/10作为风险准备金，而剩余的9/10归支付平台。沉淀资金利息归属问题似乎已非常明确。然而，中国人民银行公告〔2013〕第6号文件于2013年6月7日正式发布并实施的《支付机构客户备付金存管办法》中却删除了原征求意见稿中关于利息的归属问题，并未对计提风险准备金后的利息余额归属做出明确规定。这又给沉淀资金的定性问题蒙上了一层阴影。2015年7月的关于促进互联网金融健康发展的指导意见，对此也没有什么指导性意见。

第二节　P2P网络借贷发展问题

纵观国内P2P网络借贷市场的发展并不是一帆风顺的。与疯狂增长形成鲜明对比的是，P2P网贷平台的大量倒闭，据网贷之家《2013年中国网络借贷行业蓝皮书》数据显示，2013年共有74家P2P网络借贷平台出现经营困难，甚至倒闭或者跑路，数量约占整个市场的10%，尤以天津、河南、安徽、内蒙古最为严重，其中34家问题平台待还金额达11亿元。

国内P2P网络贷款行业经过迅速发展，已形成一定规模。随着网络贷款平台数量的增多，平台自身及法律环境的缺陷也开始逐渐暴露出来。目前，国内 P2P 平台存在的主要问题有以下几方面：

一、征信环境亟待改善

依据借款人提供的身份证明、财产证明、缴费记录、熟人评价等信息对借款人的信用进行评价，这些数据是 P2P 网络借贷平台在进行交易撮合时的主要依据。首先，此类证明信息易于造假，导致信用评价出现问题；其次，纵然这些材料是真实的，也无法了解借款人的全面信息，做出准确、公正的信用评价。借款人的信用风险问题，说明了我国征信环境亟待改善。

征信已成为当前制约我国 P2P 借贷业务的核心要素，我国实行的是以中央银行为主导的征信体系，有别于欧美以商业征信机构为主的征信体系。欧美发达国家的 P2P 借贷平台通常不需要直接介入征信业务，其所需贷款人的信用数据多来源于商业征信机构。这些征信机构具有完善的征信体系、扎实的技术基础，数据多完整、真实，在此基础上 P2P 借贷平台可有效地管理信用风险。

然而与个人信用体系建设完备的发达国家相比，我国个人信用体系建设十分滞后，主要表现在以下几个方面：

（1）我国缺乏先进的信用统计理念，不具备合理的项目设置。一直以来，信用证明，如个人资料、员工档案等许多材料，主要用于核实个人的真实身份，与个人经济地位和信用情况无关。个人的财产证明与个人经济情况相关，但只反映了某一时刻固定资产的数量。由于我国不可能对个人财产进行完整的落实，因此不能反映固定财产的状况、财产信用情况以及重大变动的内容。

（2）多个部门缺乏协调沟通，不能有效汇总和正常公开个人贷款信息。在中国，包括金融机构、基金会、企业等都有权搜集个人信用信息，但他们之间缺乏协调与合作，使大量信息无法进行有效整合，增加了获取完整信用记录的难度，同时为非法牟利行为创造了空间。

（3）由中国人民银行牵头的公共贷款体系妨碍了信息的公平使用。中国负责对中国人民银行贷款中心设立的贷款中介机构进行贷款研究，即征信中心。中国银行征信中心在未经信息主体同意的情况下即可进行征信调查的特权,并为征信中心尽一切努力调查公共管理机构,共同使用机制使它成为信用报告方面的垄断者,这实际上取代了私人信用报告机构,并阻碍了信息的公平使用。

P2P 网络借贷平台由于自身存在诸多问题,难以在短期内纳入征信系统借助央行的征信系统控制风险。信用评级模型没有全面而真实的信息为基础,而且信用评级模型的发展水平也相对滞后,因此无法进行有效的信用评级。

与此同时,P2P 网贷平台只能通过大量的线下尽职调查来搜集、整理和评估借款人的信用材料,以区分优质项目和高风险项目,所带来的工作量既耗时又耗力,是征信工作构成 P2P 网贷平台的主要运营成本,其所占比例一般仅次于销售成本。征信质量控制不力,直接导致的就是违约率上升。据测算,违约率每上升一个百分点,平台的利润就有数倍下降,这不但极大的侵蚀了平台的利润,更重要的是给投资者带来了潜在风险。

二、问题平台加倍涌现

《中国支付清算行业运行报告(2015)》显示,P2P 网络借贷发展迅猛,2014 年全年成交金额 3291.94 亿元,较 2013 年增长 268.83%。网贷之家的数据显示,截至 2015 年 5 月,全国 P2P 的运行平台已达 1946 家。随着 P2P 行业的迅猛发展以及平台的激增,问题平台加速涌现。

资料显示,2015 年的前五个月,问题平台为 313 家,超过了 2014 年的总和,平均每月新增问题平台达 58 家,2014 年 P2P 行业产生的问题平台中,提现困难占比达 44%,涉嫌诈骗的占比 31%。

平台出现提现困难、失联跑路的原因主要有以下两个方面:

(1)欺诈。此类平台的直接目的就是圈钱,手段往往就是简单的庞氏骗局。利用高额收益诱导投资者,到一定程度后,卷款潜逃。典型代表为恒金贷,运营不到 12 小时即宣告跑路,还有元一创投、银银贷、龙华贷等。此类平台一般分布在沿海经济发达地区。

(2)资金链断裂。直接原因是借款逾期,而平台又往往存在刚性兑付或自担保更深层次的原因，使平台风控能力不足、建资金池违规操作导致风险提升、遭受网络攻击等。

三、合法性存疑，无行业标准

目前，我国在民间借贷和民间信用交易领域存在法律空白。2015年7月的《关于促进互联网金融健康发展的指导意见》虽然指出了网络借贷的监管职责，但我国相关法律法规仍不健全，缺乏有效的监管制度。P2P公司性质为何、是否踩上非法金融活动红线等均不明朗，主要表现有：

（1）P2P网贷平台经营主体资格的合法性存在缺陷。它们不具备金融从业资格牌照，却从事金融业务。

（2）P2P网贷平台的经营行为是否合法仍存在质疑，如P2P网贷平台代理收付款项涉嫌超范围经营，吸收公众存款涉嫌非法集资、占有沉淀资金利息涉嫌侵权等。

（3）明显偏高的利率水平不受现有法律的保护

P2P网贷平台无准入门槛，一个网站只要向工商局申请营业执照，申请增加"互联网信息服务"范围及办理经营性网站备案，再向工信部申请电信与信息服务业相关许可证，即可转化为P2P网络贷款平台。目前国内P2P网络借贷平台大部分都是挂靠在以某投资咨询、电子信息发展和高科技发展等字样名称注册的公司经营的，不具备明确的行业标准，行业发展良莠不齐。根据国家工商注册规定，从事信息科技咨询及相关的公司，并没有前置条件。在相关法律法规缺失的情况下，将导致不法分子利用借贷平台的低门槛进行非法骗贷，导致网络借贷平台存在严重的坏账隐患。

近年来兴起的新兴互联网金融机构往往与"非法集资"一词有着较为紧密的联系，如P2P网贷、众筹等模式往往以"非法集资"来划定经营底线。2013年以来，在密集发生跑路事件的P2P平台中，涉嫌非法集资的并不占少数。据统计，P2P行业发现非法集资的已经有几十家，最大的单笔金额约有五六亿元。

四、监管缺失

由于中介机构和金融服务的性质较为特殊，应该对 P2P 网络贷款的设立和管理制定严格的规定。

（1）从 P2P 网络贷款所涉及的财务管理的角度来看，P2P 网络贷款包括一项金融服务，为了保护投资的贷款者，有关机构（证监会）应该对其进行监管。

（2）从 P2P 网络贷款可能构成系统性金融风险的市场效应来看，为了维护金融市场秩序，应该由银监会对其进行监管。

（3）从需要控制金融体系整体发展的角度出发，为了有效监控私营部门的金融问题，人民银行应该对 P2P 网络贷款进行监管。

由于上述监管的复杂性，2015 年以前整个行业处于监管缺位状态，直到 2015 年初，P2P 网贷才被明确由银监会新设立的普惠金融部进行监管。在银监会被确立为 P2P 监管机构之前，P2P 网络贷款的监管部门主要是工商局和工信部。事实上，这两个监管部门工作职责和侧重点不在金融业务上，现实中对 P2P 网络贷款平台的设立和经营的监管明显不足。工商登记并没有在人员、收费标准、中介行为、收费方式、资质、相关人员机构的权益方面进行确切的限定，对其运营行为也没有进行有效的跟踪和监测，尤其是对事后行为缺乏监督。通信管理中心负责对非法攻击和非法言论进行监管，未对 P2P 网贷平台的金融服务内容进行监管。

五、资金运作不透明

2015 年前，正因为 P2P 网络借贷行业没有明确的监管，也没有一个行业规范，P2P 企业没有必要也没有动力对外披露详细的运作信息，资金运作极不透明。目前国内的 P2P 平台资金管理模式大致有三种：

（1）第三方资金托管的模式，即用户资金由银行或符合资质的第三方托管机构进行存管，来往交易的资金与 P2P 网贷平台完全隔绝，这是目前最正规、最透明、风险最小的资金管理模式。

（2）自建资金池，即平台用户的交易资金存放于平台开设的指定账户，平台对这些资金有绝对的管理权限。

（3）资金托管的模式，本质上属于资金池，因其所谓的支付公司或第三方资金托管平台与 P2P 网贷平台有关联。

问题平台往往采用自建资金池。因此，自有资金与借贷业务资金未实现有效隔离，存在重大风险。一旦资金链断裂，极易出现提现困难甚至卷款跑路的情形。一些 P2P 网贷平台急于追求短期融资规模，期盼创业风险投资资金的进入，不甘于稳定、长期的发展策略。在这种短浅目标的驱动下，往往故意隐瞒贷款者的某些不利信息，甚至编造虚假的、歪曲的信息。有些平台对风投的融资金额进行夸大，将风险投资分阶段、有条件的投资额度故意宣扬为实际融资额度，非专业人士对此基本无法辨别。

资金来源难以审查沉淀，资金安全性低，贷后资金用途难以监管，P2P 网络借贷多由持有闲散资金的人进行出资，他们通常具有正规的资金来源渠道。同时，P2P 网络贷款平台往往不具备审查资金来源的手段。因此不能排除其来源的非法性，这就使得平台有被用作洗钱或者从事高利贷工具的风险，在 P2P 网络贷款平台上资金交易金额量大，因借贷资金并非即时转账至借贷双方账户，就产生了在途资金，由贷款网站对其进行掌控，如果网站开设的第三方账户用于发放贷款，则在网站出现内部控制程序失效、网站工作人员疏于自律或被人利用的情况下，容易导致内部人员非法挪用资金、非法集资等违法犯罪行为；资金贷出后，没有完善的法律法规对借款人是否会按照承诺用途使用资金，而非进行违法犯罪活动等资金追踪问题进行规定。《最高人民法院关于人民法院审理借贷案件的若干意见》第 13 条明确指出："在借贷关系中，仅起联系、介绍作用的人，不承担保证责任。"因此，当借款人逾期还本付息时，网站仅负责追款，若单笔贷款数额较小时，则难以弥补追款成本。

六、平台风控能力亟待提高

P2P 网贷平台起步于网络而非金融，在风控机制和金融人才储备方面都较传统金融机构落后。许多 P2P 网贷平台分别采取分散投资、组合贷款、线下审核等措施来减少风险，但与传统金融业所具有的成熟风控模式相差甚远。由于国内征信环境无法提供有效、低成本的大数据征信途径，多数 P2P 网贷平台采用与小贷公司合作的模式来解决这个问题。这种模式的缺点也是显而易见的，核心的征信业务掌握在小贷公司手中，且小贷公司会分掉很大一部分的利益。此外，P2P 网贷平台普遍实行担保化，并且担保已成为现行 P2P 网贷重要的风险缓释手段。由于自担保存在严重弊端，且可能涉嫌非法集资，目前主要实行的是第三方担保。担保的核心作用是为了分散风险或者转移风险，把风险从一个主体转移到其他可以承担风险的主体上。但第三方担保带来的问题是，第三方担保可能将风险集中到少数融资性担保公司上，导致风险并没有被分散，反而变得更集中。

七、无法有效保护借贷双方的金融隐私权

借贷双方可通过 P2P 借贷网站平台发布借贷信息，借款人通常会被要求提供个人身份、财产信息，作为借款人凭据和信用评价依据提供给贷款人。一旦网站被恶意攻击，则将泄露借款人的个人身份、财产信息等隐私，无法有效保护借贷人的隐私权。

第三节 众筹融资发展问题

一、合法性受到质疑

众筹融资最大的问题是合法性问题。对于众筹的合法性问题，目前监管尚处于空白阶段，但是可以明确的是，众筹融资平台要防止非法集资或非法吸收公众存款、集资诈骗现象的出现，避免给投资者带来利益损失，给社会造成不良影响。

股权凭证属于证券的范畴，从股权众筹的行为模式来看，发起人通过众筹平台发出邀约，投资人作出承诺，并在交付资金时交割股份。因此，股权

众筹行为属于证券发行行为，股权众筹的合法性主要存在三个方面问题。

（一）涉嫌非法公开发行，违反证券法

《证券法》第十条第一款规定"未经法定核准，任何单位和个人不得公开发行证券"。证券法同时规定符合下列三个条件，符合其中任一条就应视为证券的公开发行：①对不特定的对象下发证券；②对特定项目下发证券共计200多人；③法律法规规定的其他出版活动。此外，证券法还涉及非官方证券的发布，即向200人以下的特定对象发行证券时，不可利用广告、公开诱惑和变相公开形式，否则将视为公开发行，这是从发行手段上属于公开发行的情形。股权众筹很难回避向不特定对象发行的问题。由于是众筹，其人数很容易超过200人。股权众筹依托于互联网，在众筹平台发布融资项目，涉嫌公开宣传。因此如果按正常操作，股权众筹很容易涉嫌违反证券法。

（二）触及刑法规定的非法集资红线

《最高人民法院关于审理非法集资刑事案件具体应用法律若干问题的解释》，对非法金融行为有明确的规定，并将其特征总结为"非法性、公开性、利诱性、社会性"四个特征。不规范的股权众筹平台，很容易触及这条红线。

目前，由于我国还没有针对众筹融资的相关法律法规，在《证券法》和《刑法》的约束下，股权众筹被极大地限制了发展空间，致使其游走于法律的灰色地带。在《证券法》修改中对股权众筹做出规范前，股权众筹要达到合法化，只能走私募的道路。参与主题或采用有限合伙企业模式，或采用股份代持模式进行相应的风险规避。从股权众筹平台历史数据中可以发现，股权众筹单个项目的投资人数普遍少于30人，平均投资者人数仅为9.3人，人人均投资金额接近20万，这显然是由于上述发行人数的限制。因此，现有法律框架下的发行管制已成为股权众筹发展的瓶颈。

按照《最高人民法院关于审理非法集资刑事案件具体应用法律若干问题的解释》，在形式上，众筹融资模式同时具有不被批准、对社会公众公开宣传、承诺回报和吸收非限定项目资金四个要素，因为它不允许为支持者提供大量资金回报，而是为企业家提供的一种建议或预付款，使双方的贷款关系并不像传统的法律所规定的那样。如果筹资人想要以股权的收益当作回报，就极易变为非法集资的性质。

二、道德风险和逆向选择问题

道德风险包括融资方的道德风险和众筹平台的道德风险。

（1）由于股权众筹的企业一般是初创型企业，沪深股权交易所或者新三板交易所等传统交易所没有对该类企业进行过较为严格的审核，因此具有相当高的风险。在缺乏有效监管的情况下，融资方可能虚报项目，若将筹到的资金用于高风险项目，则会导致项目失败而使投资者蒙受损失。

（2）目前大多数平台都选择"领投+跟投"这一模式。该模式的初衷是利用领头人的实力及投资经验，选出优质项目并监督其运行，降低跟投人的投资风险。然而，当领头人和创业者私下达成某种协议，建立某种经济利益关系，那么该项目的跟投人员将面临相当高的风险。

（3）由于第三方托管并不是强制监管规定，在众筹项目募集成功之前，众筹平台可能已经收到投资者的资金，在缺乏监督和约束的情况下，众筹平台可能非法占用及挪用投资者的资金，甚至卷款跑路。

（4）众筹平台的道德风险还体现在不对融资方及融资项目尽职核实调查，为了多收取手续费，使不合格的融资方进入平台融资。逆向选择表现在众多劣质的融资项目更倾向于通过众筹平台融资，而优质项目却得不到融资或合理的定价，导致博弈论中的"二手车市场"问题。

三、投资者专业能力不足

相对于P2P网贷平台的债权众筹，股权众筹风险更高，项目成功率往往不到10%，因此，股权众筹是一种专业性较强的投融资方式，尤其对投资者而言，区分并选择好的项目至关重要。股权众筹导致投资者大众化、普遍化，一般参与股权众筹的人都是各行各业的普通大众，无论是在专业的股权投资知识、经验和技巧方面，还是对投资企业的所属行业产品、商业模式、竞争态势等的了解程度，往往都是彻底的外行。与专业的风险投资人和天使投资人相比，普通人没有足够的能力从众多公司中筛选出好公司。

另一方面，由于参与股权众筹的投资人，虽然名义上算是该公司的股东，但对于个人而言，往往只是持股比例很小的股东（一般都在1%以下）。因此原则上无法加入公司董事会成为董事，一般初创企业平时也不会就公司经营业务向这些众筹股东征询意见，甚至由于参与人数众多，想面对面交流一下的机会都不多，即使公司创始人或高管偶尔通过网络等方式向这些股权众筹投资人，提供一些企业资料和信息，多半也都是象征意义的。众多投资者既不了解公司经营状况，更不能参与实际运作，处于信息极不对称的地位，无法把握股权投资的最终结果。

四、退出渠道匮乏，流动性差

成熟的风险投资或私募股权投资的投融资制度及体系较为完善，且投后管理机制相对比较健全，一般采用通用的业内规律进行退出，在一定程度上保障了股东的合法权益。股权众筹投资存在退出渠道匮乏，流动性差的问题。

（1）因为股权众筹本身的资金是用来进行公司经营，而且是以股权形式存在的，跟投资普通理财产品不同，一般不会按照固定的周期进行结算，以及按照一定的收益比例提供回报。

（2）股权众筹不会像基金、股票那样随时可以进行买卖，往往只能在很有限的几个时间节点进行交易转让。

（3）一般而言，股权只能在既有股东内部之间进行转让，如果要转让给外部人员需要董事会讨论批准。

股权众筹投资人的投资回报可能有分红、并购、IPO上市三种形式。

（1）分红。众筹企业如果有利润，而且公司决定分红，那么众筹股东可以根据持股比例得到一定的分红。分红的投资回报基本很难实现，一方面，众筹股东持股比例通常非常低，可获得的分红也会非常少；另一方面，初创企业的利润又往往相当微薄，甚至长期不盈利乃至亏损。

（2）并购和上市。股权或者核心资产被另外一个公司收购，众筹股东可以根据其持股分享到收购的价款。众筹企业如果成功上市,众筹股东就可以在公开证券市场上出售自己持有的公司股票。然而,现实中绝大部分初创企业都会在五年内垮掉,能成功被并购和上市的是极少数。欧洲风险投资协会2012年度报告表明:在欧洲,2012年只有15%的风险投资通过并购实现了退出,而通过IPO退出的比例只有5%。

退出渠道少,且在正常的退出渠道上存在很大的不确定性,这就导致了股权众筹投资周期长,权益流动性差的问题。

第四节 互联网理财发展问题

一、移动支付机构代销的合法性

在互联网金融理财模式下,移动机构起着至关重要的作用,从募集资金到流转、使用资金,再到对资金的风险管控,无处不存在着移动支付机构的身影。因此,在一定程度上,移动支付机构对互联网理财业务的开展具有主导作用。

多数移动支付机构对外宣称自己仅提供支付服务,即移动支付机构仅按照客户委托将资金用于划转、支付及在线理财产品与信息的查询等,而与销售理财产品业务本身无任何关系。然而,目前的第三方机构实际上还从事理财产品代销的业务。在余额宝服务中,天弘基金是基金销售的主体,支付宝作为支付机构提供基金支付的服务。余额宝的实质是将天弘基金的直销系统内置到支付宝中,从而使用户再将支付宝余额转入余额宝时同步创建了基金账户。支付宝网站上有关于余额宝的公开宣传推介,实际上属于第三方代销。支付宝仅持有基金移动支付牌照,而非销售牌照,涉嫌违反证券法。支付宝"余额宝"业务中有部分基金销售支付结算账户没有在监管部门备案,也没有向其提交监督银行的监督协议,违背了《证券投资基金销售管理办法》第29条[5]、第30条[6]和《证券投资基金销售结算资金管理暂行规定》第9条[7]的相关规定。

二、监管漏洞

目前我国还没有推出专门的法律法规对互联网金融理财进行规范，可以说，互联网金融理财目前处于无明确法律可循的状态。

基金在移动支付机构开立账户的余额属于备付金范畴，由中国人民银行制订《非金融机构支付服务管理办法》《支付机构客户备付金存管办法》等法规进行监管。由证监会负责监管货币基金对接的余额增值服务和基金结算账户。备付金账户内的资金可以与基金结算账户的资金自由流转，若不明确监管主体的监管权责，对其监管将极易产生空白或重叠现象。甚至会因对理财机构的资金流转等监管力度不严，为犯罪分子利用互联网理财的隐匿性和便利性进行洗钱等违法犯罪活动提供便利。

互联网金融理财监管存在的问题本质并非是互联网金融理财产品本身，而是我国立法和监管的更新速度远落后于互联网金融的创新发展。自余额宝推出后，资金的流动性加快了，加之与互联网的交互，对原金融监管技术发起了极大的挑战，金融监管也面临着网络化革命。网络洗钱者利用网上银行的监控漏洞，可以不留痕迹地、迅速地进行洗钱犯罪活动。顺着余额宝的监管方式可以发现，监管的界限变得异常模糊，监管力度不严，如：是否需要对所签订的协议存款进行定期处理，如提前赎回，是否需要承担相应费用，其收益与风险是否对等；是否具有明确的风险提示等问题。这些都有待监管部门进一步明确。

虽然目前整个互联网理财行业还没有明确的立法来规范，但是最近一段时间央行也已经开始对整个行业进行规范，而整个行业的监管也更加严格。

三、资金风险

互联网理财产品中的资金涉及以下几个方面的风险问题。

（一）利率下行风险

互联网金融理财产品本质上是货币基金及收益，对利率和货币政策十分敏感，如果货币市场表现不好，加上基金的管理费，投资者仍有可能亏本。以 Paypal 货币市场基金为例，在 2002 年至 2004 年的利率下行周期中，Paypal 勉强通过大幅降低费率保住 1%的收益率，在规模上仅增长 31%；而在 2005 年至 2007 年的利率上行周期中，货币基金获得了超 4%的年收益率，规模出现连续翻番，增长了 3.5 倍，而同期活跃账户数和年成交总额分别上升了 1.8 倍和 1.5 倍。不过 2008 年以后，美国实行零利率政策，基金公司大多通过放弃管理费来维持货币基金组合并从中获得营利，从而使得各基金的业绩都很低。最终使得 Paypal 货币基金丧失收益优势，规模逐步缩水，在 2011 年主动将货币基金清盘。

（二）资金被盗风险

随着互联网理财产品渐渐受到网民欢迎，不法分子刷盗理财产品账户的案件也越来越多。2014 年以来，江苏、上海等地多次出现理财产品账户被盗刷的案件。使用支付宝进行身份认证过程中存在着一定的局限性。办理转账业务时，对交易双方的身份验证程序过于简单，转账金额没有限制额度。另外，没有引入 U 盾接口，在选择手机进行移动支付时，只接受短信认证、预留验证码等身份认证措施。面对这样的情况，若客户缺乏安全意识，犯罪分子就会趁虚而入。在对客户端环境进行维护时，我国尚缺乏有效的环境全面检测方法。通常，犯罪分子会利用高科技手段对客户交易信息进行篡改和盗取，给客户造成极大的资金安全问题。

（三）流动性风险

余额宝虽具有资金 T+0 快速赎回功能，但并不意味着货币型基金在结算方式上产生了变革，而是通过基金公司将自有资金进行垫资来完成的，如此一来，随着货币基金产品规模的不断扩大，垫资的压力就会非常大，一旦出现大规模的赎回，超出基金公司所拥有的垫资能力，基金公司将无力承担，无法实现兑现。

移动支付机构往往只向投资者强调收益性，对风险提示存在明显不足。余额宝理财产品仅限于基金产品，其风险极低但并不是没有风险。余额宝从宣传到上线再到运行,整个过程都没有明确的告知客户此项产品存在的风险,具有欺诈之嫌。

第五节 信息化金融机构发展问题

一、互联网基金的概念及分类

互联网在网络的基础上提供了投资客户与第三方金融机构之间的直接联系,从而避免了银行的介入。它是正常财务管理服务的延伸和补充。按照这种在互联网上的金融模式,银行不再扮演连接客户和第三方金融机构的角色,其金融中介的地位逐渐弱化,这提高了金融效率,也降低了金融成本。

互联网基金销售是指基金会和其他机构与互联网结合或自筹资金的行为。与传统的基金销售相比,该模式充分利用了互联网的便捷性。传统的基金销售是基金管理机构自行销售或委托第三方渠道进行代销理财产品的模式,主要利用门店及渠道来推广销售。这些销售方式具有明显的地域性及时间性,受制于物理网点的时间与空间,营业网点的关门停业及位置均影响基金产品的销售。而互联网大大拓宽了时空维度,不受物理网点时间与空间的限制,大大提高了交易的效率,降低了销售的成本与费用。互联网基金销售平台是指以互联网和电子商务技术为工具开展理财产品业务的媒介或渠道,这个平台在实践中有四类情形:第一类是包括基金管理公司在内的财富管理公司自己为开展理财业务而利用互联网技术搭建的平台,其实质是"理财产品+互联网";第二类是财富管理公司借助第三方互联网平台开展理财产品销售业务,主要是大型的电子商务平台或互联网比价平台等;第三类是大型的互联网公司开展理财产品销售业务;第四类是独立的第三方机构运用互联网开展理财产品销售业务。

在实践中,互联网基金一般指的是货币基金通过互联网化渠道创新开发的"宝宝"类理财产品,具体分为互联网系、基金公司系以及银行系"宝宝"三大类。

（一）互联网系"宝宝"产品

2013年6月17日，阿里巴巴旗下支付宝创造性地推出了第一款互联网系"宝宝"类产品余额宝。

（二）基金系"宝宝"产品

基金系"宝宝"产品是基金公司、证券公司等传统金融机构为了应对互联网系"宝宝"的竞争而推出的互联网基金产品。

（三）银行系"宝宝"产品

以余额宝为代表的互联网理财的迅速崛起，在短时间内吸引了大量资金，不仅抢走了曾经忠实的银行理财客户，还引发了存款"搬家"现象。为此，各家银行纷纷反击，民生银行"如意宝"、平安银行"平安盈"、兴业银行"掌柜钱包"和"兴业宝"、工行"薪金宝"、中行"汇聚宝"等陆续推出。

二、互联网基金的特点及风险

（一）互联网基金的特点

基金与网络的结合是基金理财的一个创新，使互联网基金理财在具有高流动性、低风险性和常规高收益的性质同时，也具有不同于常规理财方式的特点。

首先，在大规模信息化、社交网络、移动支付等现代信息技术的影响下，互联网账户成为虚拟企业空间的焦点。与传统的资本运营模式相比，基金的业务使用更加便捷，运营效率更高，运营成本更低。

其次，找到产品和客户需求以求得到匹配。互联网金融资产管理模式为投资者提供了一种便捷的方式，让投资者能够找到更多对自己投资有用的信息，并轻松实现各种金融资产的比较，从而通过市场竞争对互联网金融理财产品进行筛选。更重要的是，作为互联网金融结构的重要组成部分，互联网金融管理使大多数人（特别是低收入群体）能够参与到金融发展过程中，有效缓解了"金融排斥"的矛盾，对普惠金融的内容也有一个良好的诠释。

（二）网络基金的风险

网络基金是传统金融管理服务的有效扩展和补充，传统的金融管理必然会带来不同的风险，但也有不同于传统的金融管理风险的新特点。

首先，网络的推广和发展带来了这种风险的新特点。网络信用管理的快速发展得益于网络效率的提高，但同时也面临着诸多的网络安全风险。由于互联网商业空间应用的虚拟化，所有的交易都是通过互联网这个平台进行的，如果网络的及时性不提高，系统安全性弱，则非常容易被黑客、病毒等不法分子和理财机构趁虚而入，这些人的目的是非法窃取用户信息，使用户的信息遭到泄露，给用户造成严重的经济损失。

其次，与往常的财务管理体制相比，网络基金更容易产生信誉风险，而这种趋势主要是由网络本身引起的。当网络基金处于亏损状态，或客户可能受到网络风险的困扰时，投资者可能会对互联网公司、第三方金融机构和银行的交易失去信心。而且，随着信息传播速度逐渐变快，任何与投资者主要利益相关的信息（甚至谣言）很快就会在互联网上显示出来。当一家公司在网络上出现不好的消息，不仅会使这家公司在同行业中遭到排挤，造成客户流失等，而且会在很大程度上造成整个互联网金融的瘫痪。

最后，由于互联网账户在我国还是起步阶段，传统的财务管理法律法规往往不能适应互联网发展的需要。与互联网基金理财有关的各种法律法规尚待完善，在法律约束方面存在很多的空白区域。在不具备完善的法律约束的环境下，互联网基金理财将面临各种各样的法律风险。

虽然，现代网络信息技术使金融理财服务变得更加便捷、高效和人性化，但是也加速了风险的积聚过程。当一家金融机构面临风险时，很容易造成互联网整体金融体系的蝴蝶效应，造成整体金融和系统金融风险，引发经济危机，甚至是严重的金融危机。

三、互联网基金的主体架构和业务流程

（一）庞大的互联网账户结构

互联网基金由三个主要部分组成：互联网平台公司、基金会公司和互联

网客户。互联网平台公司作为可进入某些互联网门户的第三方组织，主要提供购买基金的渠道和平台给互联网客户；基金企业发行和售卖基金；互联网用户在互联网平台进行注册，并通过互联网购买资金。

就余额宝而言，其在运营过程中主要有支付宝公司、天弘基金公司和支付宝客户三大直接主体。

（二）互联网基金的业务流程

在互联网平台的支持下，网络基金公司的注册可以识别其所有的注册程序，注册程序主要包括用户注册（非互联网平台公司的注册客户）、银行卡验证真实身份、银行卡绑定、用户申请购买、确定和赎回。在余额宝的业务中，余额宝为支付宝客户建立了舒适、规范的互联网资源管理，包括认证、导入和导出。

1.实名认证

支付宝与第三方销售网站挂钩，规则明确，当地网络业务承包商应在投资账户中进行实名注册。因此，只有余额宝被验证确认后，支付宝的客户才能对其进行使用。

2.转入

导入意味着支付宝的客户将把支付宝账户上的备付金转到余额宝。一次转账最低1元，没有最高数额限制，只要求是正整数。在工作日（T）的下午3：00前划入余额宝的资金，由基金公司于第二个工作日（T+1）确认；在工作日（T）下午3：00后划入余额宝的资金，将顺延1个工作日（T+2）后确认。余额宝将计算确认资金的收益，并每天计入客户余额宝的账户总额。

3.转出

余额宝的总金额可用于即时在线转账支付，转账金额实时到达支付宝。单日/单笔转账最高5万元。如果使用快捷方式转存到储蓄卡中，上限为单日/单月/单笔转账10万元，实时转账高度（含网购）不占当天收益。

四、互联网基金的影响

（一）对投资者的影响

互联网基金使投资者享受到更为便捷的服务，降低了亲自去银行的过程成本，降低了投资者利用互联网获取信息的成本，使投资者的投资行为不再受到时间、地点及资金额度的限制，投资自由度的相对提高，使得金融理财投资更加民主化、大众化。

（二）对商业银行的影响

一方面，从通过互联网购买的基金中获得的资金越多，向银行提供合同存款的成本就越高。另一方面，在网络基金平台产生之前，我国基金代销的主要渠道是商业银行。随着互联网基金的盛行，银行的基金业务收益大幅下降。这两个因素对商业银行的性质有着显著的影响。它们很大程度上损害了银行的利益，打破了长期以来银行的垄断局面，实现了基金销售的多元化。

五、互联网基金的监管

《关于促进互联网金融健康发展的指导意见》明确指出：基金机构与其他机构合作通过互联网销售资金和其他理财商品，必须遵守其风险信息披露义务，不得因吸引客户而承诺非法增长的收益；管理层应采取有效措施，防止偿付能力风险资产管理中的支付期限错配；基金销售商及其合作平台为投资者提供其他功能的，应进行提前检查，检查其收益的来源、基本的条件和适应环境等条件，确保其真实、可靠、正确。移动支付平台开展网上销售和支付服务，应当符合中国人民银行和中国证券交易委员会关于客户股票和证券交易行业的有关监管要求。移动支付机构的客户准备金只能用于客户委托的支付业务，不能用于提前注入融资等资产管理产品。互联网基金公司受证监会监管。

中国证监会指出：对基金销售公司的监管遵循基本规则，以确保投资安全和有效销售。中国证券监督管理机构修订了《证券投资基金销售管理办法》

和《证券投资基金销售结算资金管理暂行规定》等法律法规。就网上基金销售而言,亦有《证券投资基金销售机构通过第三方电子商务平台开展业务管理暂行规定》及《网上基金销售信息系统技术指引》等规则。总的来说,相关的法律法规和做法都是建立在可靠的基础上的。利用互联网进行资金销售是一种基金销售的业务,必须遵守适用的销售标准。

除了确保投资安全和防止投资资金的滥用或欺诈,中国证监会对基金的销售一直有明确的基本规定:一是使投资人所投资金的安全性得到保证,防止投资人的资金被他人非法挪用或占有;二是防止投资事项的欺诈和转移;三是要引入销售使用的基本规则,充分考虑风险资本与风险收益平衡的相关性。

第六节 互联网货币发展问题

一、互联网货币风险分析

互联网货币可能会造成一系列财务风险。根据其性质,主要存在安全风险、流动风险、破产风险和信用风险等,而按照受影响的主体不同,互联网货币主要面临以下四种风险。

(一)发行人面临的风险

互联网货币仍然是约定性货币,如果发行人因内容不足而无法满足客户的赎回要求,互联网的金融管理将造成流动性风险。互联网货币发行量越大,相关的流动性风险就越大。如果互联网上的货币的价值远远超过持有的货币,这很容易导致市场的经济泡沫。此外,如果突发紧急情况,如严重的安全事件和谣言,将迫使消费者拒绝使用互联网货币,并要求偿还,这反过来又会造成流动性风险。

互联网货币发行人也负有相应的社会责任,在保持商业秘密的同时,他们必须保证货币持有者的知情权。互联网货币发行人面临的主要安全问题是外部攻击、系统故障和内部人员的蓄意破坏。

（二）持有人面临的风险

随着互联网经济的蓬勃兴起，虚拟货币层出不穷，用户需提供个人相关信息开一个虚拟账户，在使用虚拟账户时留下个人信息。如果此账号被盗取，互联网货币将面临丢失。同时，网络金融发行者在与消费者进行交易的过程中，尽可能多地收集消费者的个人信息，保护了消费者的隐私权利安全问题。此外，由于虚拟经济的特殊性，网络金融发行者面临亏损的财务风险是很高的。一旦货币发行人破产，一系列连锁反应的存在将使虚拟货币的持有者面临无法应对的风险。

（三）对法律秩序的冲击

当前互联网货币最大的问题在于国家缺乏相关的法律法规，没有法律的界定，整个互联网货币的价值链不能建立。由于网络货币的虚拟特征和匿名特征，以及我国对网络金融法律知识的缺乏，造成了对现有法律秩序的冲击。常见的网络犯罪包括利用互联网洗钱、赌博和逃避缴税等。

首先，使用专用网卡为洗钱提供便利，而互联网货币的虚拟性质也使得办案难度加大，取证难度增加。其次，随着互联网上国家间资金流动量的不断增加，动机变得越来越复杂，渠道也越来越多样化。这对中国的金融监管甚至是经济环境都有了严峻的挑战。我们究竟应该如何监控跨境货币流动？防范金融洗钱活动是全世界共同面对的问题。

互联网货币有成为赌博工具的可能，如有的网络游戏，玩家只能通过购买游戏中的虚拟货币来玩游戏，因此这种虚拟货币的提供商可以获得不错的收益。国家新闻出版署即使已经下发过《关于禁止利用网络游戏从事赌博活动的通知》，但是目前对网络虚拟货币的法律性质没有明确和统一的界定，更无法认定虚拟货币兑换是否是一种赌博。

互联网虚拟货币很容易成为企业避免缴税的工具。借助互联网货币进行的无纸化商务办公活动，其电子凭证极易被不留痕迹地任意修改，从而增加了稽查工作的困难。此外，由于网络虚拟交易呈现出国际化发展趋势，依据传统贸易方式制订的国际税收准则和管理办法已不再适用，这也给国际税收协调增添了难度。

(四) 对现实金融体系的冲击

1. 对传统货币的冲击

如果互联网货币超过发行人规定的分类制度，并开始在网络用户之间循环，甚至用于购买实体商品的信息和产品时，这意味着货币的供给量在加大。由于中央银行无法估计互联网货币流通和发行的规模，互联网货币在网络世界上是一种一般等价物，这将不可避免地影响到整个世界的金融秩序，对银行支付业务也会产生一些影响。

互联网货币是否具有价值，是否真正代表了净财富？互联网货币既可以在现实世界中购买，也可通过游戏获得，当用户选择在现实世界中购买，他们支付一定的金钱；当用户选择在游戏中购买，就会付出一定的劳动，这充分证明了互联网货币的价值。无论用户选择哪种方法，都必须以等值的价值进行交换。

2. 造成输入性通货膨胀

互联网货币与人民币之间的相互兑换可能会造成输入性通货膨胀。输入性通货膨胀是指外国商品或生产要素价格上涨所导致的国内价格持续上涨。这种通货膨胀通常是在全球通货膨胀的背景下出现的，并在国际贸易、多国公司和开放经济部门中造成国际传播。对各个国家而言，在互联网上流通的互联网货币也可以被视为一种"输入品"。互联网货币面临的最大和最难解决的问题就是通货膨胀，因缺乏统一的监管机构，每个经营者都有权独立发行货币，只要发行货币，就有可能收取"铸币税"。此外，现有网络还存在着高度的安全风险，许多黑客经常复制大量的互联网货币，导致迅速地通货膨胀。重新使用信息传播特点和延迟交换，互联网货币将不可避免地导致输入性通货膨胀进入真实世界。

3. 扰乱现实经济秩序

虚拟世界的金融危机将给现实的经济秩序带来威胁。虽然现在已经出现了可以相互兑换的"网络硬通货"，但虚拟网络世界里同样存在着"金融危机"，且相较于现实世界更易爆发金融危机。由于大部分互联网货币仅在本网络的内部使用,致使互联网货币的规模相对不大,因而更易被投机者控制,出现诸如"网络造币"的情况等。

二、互联网货币风险防范措施

基于对互联网货币可能存在的风险的分析,我们提出以下相应风险防范建议。

(一)加强互联网货币监管

1.提升互联网货币监管技术

寻求技术上的突破,以弥补互联网货币的安全漏洞,是互联网货币风险防范的当务之急,具体做法有:对网络技术进行更新改造,以提高互联网技术的安全性能;分析现有网络的安全性能,使用更复杂的语言方法来严格控制数据库的安全性;实现互联网货币的数字签名技术,在保证该互联网货币合法性的同时,保证网络使用者的虚拟财产不被盗窃。

2.政府加大监管力度

政府应当加大对互联网货币的监管力度,严格规范互联网货币的发行主体资格,对网络运营商发行的互联网货币数量实行申报制;设立准入门槛、清查发行人的资产状况;建立对互联网货币发行、流量、统计的监控体系及认证中心,对互联网货币的交易实施严格监管;打击地下造币行为,杜绝地下互联网货币交易活动,引导其正常发展。同时,限制用互联网货币购买只有用人民币才能购买的商品和服务,取消互联网货币兑换人民币的功能,制止专门从事互联网货币兑换的网站的活动和兑换行为。政府应当建立互联网货币发行制度,运用经济手段调控互联网货币流通,建立互联网货币发行准备金制度,以控制互联网货币的发行规模,打击和杜绝借用网络充值的行为。

(二)制定互联网货币相关法规

建立一套行之有效的从互联网货币的发行到汇率的制定、再到交易平台管理的全方位的政策法规,运用法律手段监管互联网货币的流通。这些政策法规应当建立在互联网货币市场准入制度基础上,规范互联网货币发行人的发行责任、网络交易平台服务商的法律责任和互联网货币消费者客户端的风险责任。限制互联网货币交易的可行性，严禁用互联网货币兑换法定货币，以保证互联网货币流通的单向性；严厉打击"外挂"行为，确保互联网货币不在线下交易。同时，通过法律保护网络用户对其所有虚拟财产的权利。

（三）建立完善的互联网货币制度

完善的市场制度会进一步规范互联网货币发行、流通、交易等过程，下面分别从市场准入制度及发行规模、流通及交易平台制度这四个方面简述如何建立完善的互联网货币制度，进而控制互联网货币风险。

1. 市场准入制度

（1）互联网货币发行人必须具备良好的相关记录

互联网货币发行人必须具备良好的资金状况和财务状况、资信条件和征信记录。由于互联网货币自身存在的风险是难以规避的，只有当互联网货币发行人具有相当的资金规模，才能够具备承受风险的能力。良好的资金状况和财务状况，可在一定程度上防范发行者的破产风险。

（2）互联网货币发行人必须是专业技术人员

由于互联网技术的发展以及移动支付技术的成熟，助推了互联网货币的发展，但由于央行无法掌握互联网货币的流通、发行规模等情况，在此过程中容易出现各种问题。因此，互联网货币的发行人必须是精通数据库技术、网络技术和安全技术的专业人员。同时，由于互联网通常在公共网络上运行，容易受到恶意攻击和病毒入侵，因此为了抵御黑客的恶意攻击和病毒的入侵，互联网货币的发行人必须采取严格的安全措施。

2. 发行规模

互联网货币发行人的资金实力决定了其发行规模，按照分批审核制度进行发行。互联网货币被用户购买之后，持有人有权要求互联网货币发行人进行"回兑"，倘若发行人达不到持有人提出的"回兑"要求，可能会导致互联网货币发行人面临信誉风险，严重者几近破产，引发金融危机。对发行规模的限制可有效应对发行人面临的挤兑风险、破产风险和信用风险。在多数情况下，核准人使用互联网货币数据库，以查明发行人的挤兑风险、破产风险和信贷风险，从而提及核准和制作登记，并因此控制发行人的发行总产量，以便对其进行实时控制。管理风险、破产风险和信贷风险，并尽量控制这些风险在允许范围内的影响，以防止和消除风险，在某种程度上，能够化解发行人的外逃、破产风险和信贷风险。

3.互联网货币流通制度

建立互联网货币流通制度，目的在于对互联网货币的流通范围进行限制，以便对互联网货币面临的风险范围和大小进行评估，以此来确定监管的重点、强度和频度。对于使用范围广泛、流通量大和采购设施广泛的互联网货币，监督机构应侧重于高强度和高质量的监督。同时，限制互联网货币流通也可以为税务局提供执法基础。

4.互联网货币第三方交易平台制度

凡是提供各种互联网货币交易的平台，只有在获得相关部门批准的情况下，才能提供互联网货币交易中介服务。交易平台通过相应的报批制度对申请人的信息安全进行约束，一定程度上达到了防范交易平台安全风险的目的。交易平台必须将交易者的相关信息数据记录报送给监管部门，以防止不法分子利用交易平台倒卖互联网货币进行洗钱活动。

第七节 大数据金融发展问题

中国金融业历经了10多年的高速发展，已步入了转型时期，其经营模式由"以产品为中心"转向了"以客户为中心"，管理模式将从"粗放型"转变为"精细型"。为了能够更加迅速、全面、准确地了解与掌握客户需求，传统的"经验依靠型"必须向更为精细、可靠的"数据依靠型"转变。大数据时代的到来，使得这一进程得以实现，大数据金融也将对传统金融业产生深远的颠覆性影响。

一、大数据金融的含义

大数据金融，即针对多种类型、海量的数据，借助互联网、云计算等信息化处理方式，实时分析客户的消费数据，使金融机构能够获得客户的全方位信息，准确预测客户短时间内的消费和交易需求，使金融服务平台在营销和风控方面有的放矢。

从广义上讲，大数据金融即在整个互联网金融内，所有需要对数据进行挖掘和处理的线上金融服务。换句话说，大数据金融是 P2P 和众筹等互联网金融行为的核心。从狭义上讲，大数据金融指的是借助互联网对商家和企业的历史交易数据进行分析，对其进行线上资金融通和信用评估的行为。

总之，大数据金融无论在广义和狭义中，其核心都是对商家和客户的海量网络交易数据进行收集、存储、挖掘和整理归纳，把客户全方位信息提供给互联网金融机构，以便分析和挖掘客户的交易和消费信息，掌握客户的消费习惯，并准确预测客户行为。

二、大数据金融的特点

建立在大数据基础上的互联网金融，它以其独特的互联网技术和巨大的信息技术，正从金融信息交换体系和金融模式两个层面改变着金融市场，推动着传统金融市场的发展。

（一）成本低廉、产品实用

由于互联网金融建立在大数据和云系统的基础上，主要是运用大数据计算而非人工审核，成本较低，它不仅可以为小微企业提供有针对性的金融服务，还可以根据公司的生产情况灵活确定贷款的期限。同时，大数据金融具有边际成本低、效益好的优势，也必将促使更符合市场需求的产品出现，产品更能得到消费者的认同。

（二）放贷快捷、服务个性

大数据金融长期以大量的信用及资金流的大数据为基础，对于运用大数据金融的企业能够快速计算得出其信用评分,并通过在线支付方式,以贷款需求和信用评级等大量数据为基础进行实时贷款。关键的是其能依据每家企业的个性化融资需求,做出快速、准确、高效、有针对性的金融服务。

(三)科学决策、数据化管理

在大规模金融的基础上做出的决策,科学、快速地降低了不良贷款的比例。大规模风险管理可以解决贷款信用分配、风险预测、授权实施等问题,特别是提高了识别欺诈行为的能力。同时,根据对数据的识别分析确定客户身份和分类,将是管理风险的主要手段,动态实时监测也将取代作为风险管理正常内容的追溯性评估。

(四)网络化展示、降低信息不对称性

大量的金融产品和金融服务通过特定的网络渠道展示在公众面前,这对金融实体营业点的冲击不容小觑。开放的大数据金融网络平台不仅大大降低了金融服务和产品的消费者和提供者之间的信息不对称性,同时用户对金融产品及服务的反馈和支持评价也会实时地展现在消费者面前。

(五)金融创新监管困难

大数据给金融带来了高频交易,占据了交易市场的一大部分。高频交易是导致 2010 年 5 月股市"闪电暴跌"的重要原因。此外,大数据中的一个数据点出错就能导致"无厘头暴跌",2013 年 4 月 23 日美联社的 Twitter 账号被黑客入侵,并发布假消息称美国总统奥巴马(Barack Obama)在恐怖袭击中受伤,导致美股出现短暂跳水。

三、大数据与金融结合的模式

大数据的技术优势以及大数据与金融的天生适应性,使未来金融依赖大数据技术成为必然。大数据与金融结合,主要有五种模式:

(一) 以垂直搜索为核心的互联网金融服务平台模式

互联网金融平台凭借大数据技术,将产业链上下游企业聚集起来,搭建产业联盟平台,集多种金融服务及产品于一体,通过提供垂直搜索功能,方便用户对产品及服务进行对比、筛选,向用户提供行业内精确金融资产的信息,为在线金融公司提供金融资产销售服务的体验,并深入挖掘客户的价值。满足用户对金融投资和消费的需求,为供需双方实现信息交流、业务对接以及利益共赢提供良好的平台。

(二) 互联网金融 C2B 模式

"客户对商家"(C2B)模式强调客户主导和客户导向。它的本质是建立一个强大的采购集团,将大量的分布式用户聚集在一起,以改变"商家对客户"(B2C)的模式中"一对一出价"的弱势地位,使个人用户能够用批发商的价格购买到商品,有效降低了购买成本。

(三) 民营网络银行模式

网络银行以移动互联网站点为基础,其资金来源于私营部门,并为小微企业和私营机构提供商提供个人金融服务。互联网银行利用网络平台和中介机构的优势扩大其活动范围,利用现有的大客户基础和先进的生产链发展供应链融资,利用高数据技术分析社会网络等,建立一个风险管理系统,发展与传统银行的有区别的竞争,确定自己在服务过程和服务质量方面的优势。

(四) 基于线下担保、数据开放的 P2B 模式

P2B 的在线信贷风险管理和监督不力,信贷链经常中断,发生"逃脱"现象。建立基于互联网保障和公开数据的个人之间的 P2B 模型,并为小型和微型企业提供金融服务。借贷人从担保机构获得担保,担保机构可以在一定程度上保护投资者的权利和利益。P2B 模型包括个人投资者、信贷公司、在线贷款平台 P2B,第三方保管机构和商业担保机构。P2B 平台主要是一个供资需要的个体投资者与需要贷款的小

型和微型企业之间的桥梁。

（五）构建商业银行"四位一体"业务模式

由于大数据计算和云系统背景，传统商业银行不得不进行政策调整，构建智慧银行、移动金融、电商金融和网上金融"四位一体"的服务模式，支持普通商业银行对互联网金融的开发。

大数据与金融结合的模式，使得大数据金融的优势得以发挥。拥有大量用户行为数据的公司，都在通过整合自己掌握的数据，力图突破传统金融业的影响范围。互联网的迅速发展不仅大大增加了企业拥有的数据量，而且使企业能够更接近客户，掌握客户需求，采用非标准的精准服务，并提高客户的归属感。企业可以通过自己的信贷调查系统实现信用管理创新，这样一来有效地降低了呆账率，扩大服务范围，增加小型和微型企业的融资比例，降低运营成本和维护费用，实现规模经济。

四、大数据金融带来的挑战

金融机构在与大数据技术结合方面面临许多挑战和风险。

（一）大数据技术应用可能导致金融业竞争版图重构

信息技术的进步、金融产业的开放和监管工作的变化，客观地降低了行业准入的障碍，使非金融机构能够削减更多的金融服务。各组织减少了更多的金融服务，并利用自身的技术优势和监管的盲区来解决竞争问题。传统金融机构受到基本组织结构和管理模式的限制，无法充分发挥其潜力，处于不利的竞争地位。由于线上公司拥有巨大的平台优势，因此垄断了从交易到交易结算和所获得的各种信息的所有链接，这使得传统金融机构很难进行干预。如果想在现实过程中恢复自己的数据平台，这是不合算的。因此，对于传统的金融机构来说，与数据提供者进行战略合作将是一个更现实的选择。

（二）大数据的基础设施和安全管理亟待加强

在数据资源异常丰富的时代，除了传统的会计记录外，金融机构还增加了图像、音频和其他非结构性数据。传统方法不再能够满足数据管理的需要，迫切需要加强方案和硬件基础设施的发展。大数据的一个主要功能是解决信息不对称的问题，并为金融机构提供更好的风险管理工具。但是，如果不加以管理，大数据可能在发展中造成很大的风险。使用大数据改变了数据安全风险的特点，它不仅需要新的管理方法，而且还必须纳入综合风险管理框架，以便进行统一的监测和管理。为了确保大数据的安全，金融机构必须利用三个关键环节：第一，在数据链中协调所有机构，共同促进数据安全标准，加强行业自我管制和技术交流；第二，加强与监管机构的合作。通过监督事务的交流与合作，提高它们自身的大数据安全水平；第三，积极加强与客户在数据安全和数据使用方面的互动，提高客户对数据安全的认识，并形成协同作用大数据风险管理的影响。

（三）大数据的技术选择存在决策风险

目前，大数据仍在研究和发展中，与传统的交易数据库相比，分析数据库还不成熟，大数据的分析和处理仍然缺乏高度的可比性，并且主要是结构化的数据。在这种情况下，金融机构的技术决定可能不正确。

（四）需进一步加强大数据的核心处理能力

目前，不同行业和渠道的数据标准存在差异，需要尽快统一标准和格式，以便实现标准化的数据整合，并全面了解用户情况。然而，为了响应大数据的大量数据要求，传统的数据存储技术，特别是 ETL（数据传输技术）提取，转换和加载，必须重新配置。为了加强对大数据分析结果的解释，并提高其应用能力，关键是在大数据领域建立一个复杂的专业团队。他们不仅要掌握数学模拟技术和智能数据分析，而且要精通业务，善于沟通，与他人充分合作。同时也需要扩大金融创新，建立专业化的数据实验中心，并进行统一的表述、实验、评价、推广和更新大数据程序。

（五）金融服务与社交网络必须进一步融合

金融业的数据来源必须依靠社会网络来避免早期呆板滞后的报告、批准和综合核查的做法。为了使金融信息渠道能够直接进入金融服务部门本身，必须利用新的数据来源，如互联网和社会网络，从多个渠道获取客户信息和市场信息，充分了解目标客户的需要和资质，建立更有效的客户关系和更完善的客户视图，以及利用社会网络为长期和潜在客户提供精准的营销和个人金融服务。

五、大数据金融带来的机遇

总体而言，不断提高的大数据技术将显示出与金融服务业的某些协同作用的发展，并将为金融业未来的发展创造重要机遇。

（一）推动金融机构的战略转型

在国家经济调整和市场逐步增长的背景下，国内金融机构越来越受到金融"脱媒"危机的影响，这表现在基本义务的损失、利润率的下降和业务定位的紧急调整。企业转型的关键在于创新，但国内金融机构目前的创新往往是减少监管仲裁而不是为客户提供更高价值的服务，在这方面，大数据技术就是一个重要的工具，它可以用来确定市场定位，摆脱资源分配方向和促进公司创新。自2012年以来，许多银行，如中国建设银行、中国交通银行、中国工商银行等，一直积极发展自己的电子商务平台，为了保存客户和开发客户数据，客户数据是立体化的，并使用立体化的数据进行不同的服务，了解消费者的习惯，预测客户的行为，进行管理交易、信用风险和符合规定的风险控制。

（二）降低金融机构的管理和运行成本

通过对大数据的使用和分析，金融机构可以准确地发现内部管理错误，制定恢复操作，并初步形成一种结合自身特点的管理模式，从而降低运营和管理成本。除此之外，大数据提供了一种新的传播工具，使他们能够更好地了解消费者的需求和行为特点，并实时准确地了解市场发展情况。

（三）有助于增强风险控制能力

金融机构可以放弃原来严重依赖客户提供财务报表信息的业务方式，转而对资产价格、账户流量、业务活动等流动性数据进行动态、完整的流程监控和分析，有效提高客户信息的透明度。目前，花旗、富国等银行已经能够根据大数据整合客户的资产负债、交易支付、流动性状况、税收和信用记录，进行360度客户估值，计算可变误差和损失率，提高贷款可行性决策。

（四）创新产品和模式，辅助金融决策

信用是无形的，但可以产生大量的信息来建立信用体系，以巩固个人信用或群体信用。自我评价不是一成不变的，它是需要连续动态行为特点的长期体现。通过大数据集的集成，可以收集、存储、分类和分析个体或群体的信用行为。将海量信息整合在一起就能显现出客观的规律，使人的信用不再变得模糊不清，而是变得生动、鲜明、立体，从而使个人或群体的信用状况得以有效识别。

（五）大数据使金融服务多样化、专业化

随着电子商务领域风险投资潜力的大规模开发，它将继续整合和发展传统职业，从日常零售需求到电子产品，再到汽车行业，甚至批发交易所。未来还将发展房地产和医疗救助等方面。并将继续实现逐日调整和社会排斥。

由于越来越多的领域涉及大量的数据的融资，在生产链中必然会出现专业化和更明确分工的趋势。根据不同的部门或不同的行业，其服务内容将发生一些变化。同时，随着发展水平的提高，肯定会出现高要求的个性化服务和个人服务需求。今后，拥有大量数据的金融机构，将以客户为导向，并将非常准确地满足客户的需要，以发展专业的个性化服务。

六、大数据金融的风险分析

（一）技术风险

虽然大数据的生产主要是由于企业发展的多样化和数据生成导致的，但与这些迅速增长的大数据有关的问题仍然让企业的管理者们担心：如何管理这些大数据？如何进行安全有效的保护？如果出现问题怎么恢复？这些是企业必须解决的管理问题。

一个企业的数据信息决定着企业的生死存亡。但是今天，数据量的持续增长增加了备份和恢复的时间，企业面临着严重的合规和宕机风险，数据备份越来越困难。用户数据量增加，备份的时间窗口很小，设备有限，如何从大数据中快速提取核心数据，保证企业数据上的信息能够及时检索，已经成为大数据管理需要考虑的问题。同时，在数据管理时如何能够更加节省空间、人力、电力也是必须考虑的问题。近几年企业在采购存储设备时，会发现存储硬件的成本在逐年下降。但是，对于很多企业来说，整体的存储成本却不降反升，这主要由于企业数据量猛增需要大量的人力、物力进行维护，数据存储的管理成本逐年上升。

（二）操作性风险

1.信息安全风险

随着虚拟网络的迅速发展，网上交易、在线聊天和在线互动的数量也在增加，社交网络、智能终端已经是人们生活中不可或缺的一部分。数据量的激增以及社会各个领域对大数据重要性的认知提升，使数据安全问题成为我们不得不关注的重要议题。

泄漏数据给整个企业不仅会造成声誉损害，而且还会造成经济损失，并且严重的还会承担法律责任。关于数据储存设备，数据的收集、储存、存取和传输应取决于移动装置。因此，大数据时代的到来也导致移动设备的迅速传播。因此，越来越多的工作人员使用他们的移动设备进行办公。虽然这确实给人们带来了工作和生活的舒适和便利，降低了企业的办公成本，但也给企业带来了更大的安全隐患。

大数据的信息安全问题也是数据的拥有者、使用者之间的平衡关系，以及数据的所有权和使用权之间的平衡关系问题。大数据时代强调全社会信息资源的开放分享和开发利用，而个人信息涉及个人隐私，但又具有社会经济价值，其信息保护的界限将面临调整。所以当前的核心问题是，大数据时代的个人数据信息应当属于谁？谁有权利用这些数据进行分析？个人是否可以对信息开发利用的程度予以选择？这些问题的答案都将对个人信息安全保护的主体、范围及手段等产生重大影响。在大数据时代，我们应当建立一个不同于以往的信息保护模式。这种模式应当着重于数据的使用者为其行为承担相应的责任，而不是把重点放在数据一开始的获得和个人意见征集上，隐私保护在未来应该被区别用途，正当合理的使用有关信息，以确保法律和个人利益不受损害。

2.数据分析风险

大数据平台模型是一个在传统行为习惯和用户思维方式中的总结，基于以前的交易中积累的大量数据，然后评估他们可能的行为。换言之，对大数据进行分析的方法是以大数据的特点——"过去决定着未来"为基础的，这一前提在大部分情况下都是成立的，但如果面对一种需要革命创新的局面，就会发现一些弱点。公司为战略规划分析客户数据，金融机构分析风险预防数据。如果他们不理解这一转折点，他们将造成巨大的经济损失。

而造成这种情况的原因不仅仅是数据依托过去的分析基础，还在于数据封闭的问题。大数据分析是希望通过网络中虚拟的信息将个人实体化，对每个人的职业、喜好、人脉等方面进行全方位的解读。

（三）法律风险

在大数据金融服务平台中，会涉及收集、处理和使用数据方面，拥有大量数据的公司也将参与跨界融资和金融监督。在这些过程中，为客户提供金融服务的商业实体积累了大量关于客户的个人资料，而且，隐性商业价值正在逐步被发现和使用。为了利益，越来越多的组织或个人采用不同的方法从他人那里获得信息。此外，一些公司缺乏保护意识和保护能力。近年来，侵犯个人信息的行为不断发生，导致了社会的广泛关注。这种侵权行为的一个重要原因是，中国目前没有关于个人信息的专门法律，特别是没有关于收集个人信息的专门法律，以及个人财务资料的使用和披露的规范。

二、大数据金融风险防范建议

（一）加快立法进程，加强行业自律

目前我国对个人信息安全保护的监管由公安部、工业和信息化部等部门管理，多头监管难免会导致监管不严或监管漏洞。对此，我们应明确管理机构和各部门的责任。只有在职权范围明确之后，我们才能保证监督工作不存在漏洞。从加强行业自律来看，要认识到行业自律机制是个人信息安全保护制度中不可缺少的一个环节。

（二）实现用户数据隐私保护和数据商业应用之间的平衡

实现用户数据隐私保护与数据商业应用之间的平衡，从监管主体来说，必须制定专门应用于大数据用户隐私方面的法规，体现出监管主体对其的重视和操作的规范性。从监管的客体来说，大数据企业对数据的商业应用，必须以保护用户隐私为基础。

（三）数据资源的整合和分工专业化

从不同部门整合数据以提供一套完整的立体数据图，可以理解和改变用户的系统需要。然而，由于行业之间的数据交换必须平衡太多的公司利益，如果没有中立的外部组织参与，为了协调所有参与公司之间的关系，并建立共享数据和应用的规则，这将大大限制大数据的使用。

（四）强化数据挖掘

数据挖掘是一种新的商业信息处理技术，主要功能是检索、转换、分析和模拟大数据，以及检索有助于商业决策的关键数据。数据挖掘在风险管理和客户管理方面都有重要应用。在风险管理方面，可通过构建信用评级模型评估贷款人或信用卡申请人的风险。

第五章　互联网金融健康发展的对策与建议

目前正是国内互联网金融高速发展的时期，行业前景被广泛看好。"互联网+金融"的模式已经成为人们的共识，而且互联网金融被誉为有望取代传统金融的新型金融模式。但就现在的发展情况来看，整个互联网金融的发展依旧面临着很多的问题，比如如何推进整个行业的规范发展？如何鼓励企业创新探索？如何建立监管体系等，是困扰着监管者与从业人员的主要问题。

针对整个互联网金融发展过程中各主要业态出现的问题，从呵护互联网金融健康发展的角度出发，提出各业态健康发展以及国家层面的对策与建议。

第一节　发展移动支付的对策建议

一、合理定位，合理监管

《非金融机构支付服务管理办法》对移动支付机构的定位是非金融中介机构，禁止从事除金融以外的任何活动。但该管理办法同时又规定，从事支付业务，必须达到几乎与银行相同要求的注册资本最低限额，而且《支付机构客户备付金存管办法》中移动支付组织必须根据准备金的规模，计提风险准备金。这又要求移动支付机构需要遵守银行资本充足的要求。

指导意见的出台，明确了我国对移动支付机构的定位和监管，从两个不同的方向纠正了目前互联网支付定位不清、监管不明的问题。还应该进一步从两个方面进行规范：一是放开针对移动支付机构监管的种种限制；二是授予移动支付与金融机构的身份，在允许它从事更多投资活动的同时，加强监管。移动支付的定位如果仅仅是货币转移中介服务会增加沉淀资金的监管成本、资源浪费成本,并且严重削弱移动支付机构掌握消费大数据的优势,和更好地提供金融服务的优势。这背离了互联网金融的发展逻辑,也会削弱互联网金融对整个社会经济的促进作用。

因此,放开对移动支付的限制,赋予其金融机构的身份,并且做相应的监管是更优的方式。从法律依据上确立移动支付的性质,系统化的规定其所属金融机构应当履行的职责和义务,避免含糊的定义,从而杜绝不法之徒从法律的薄弱环节中寻找漏洞,可以从一些基本的监管措施做起,例如设定准入门槛、完善其市场准入和退出机制、划定业务红线等。

二、明确沉淀资金监管办法

对于沉淀资金的监管,可以参考美国和欧盟的经验。

美国正在采用扩展保险方法来监控手机直接流动产生的信贷流。移动支付机构在美联存保(FDIC)开设账户,将投入的资金存进该账户,并使用产生的利息支付保险费用。这个办法的好处是用户资金安全得到保障、移动支付机构无法挪用沉淀资金,同时解决了利息分配问题。

欧盟的常规沉淀资金的方式是由移动支付机构在欧洲央行开设专门的银行账户,并维持法律规定的储备资产,以防范金融风险。为了确保为移动支付机构提供足够的资金,其初始资金必须超过100万欧元,而且还必须确保该机构一直拥有自由资金。

可以看出,以上两种办法的共同点是支付机构必须在更高层的金融机构开设账户,并且要有风险补偿赔付机制。另外,要尽快明确移动支付机构及其所产生的沉淀资金的性质,只有这样,随后的有关条例才能够管制其行为并促进存款的使用。

三、加强资金和信息安全监管

无论是监管机构,支付机构还是消费者,都应持续高度重视安全问题。

(1)作为主要监管部门的人民银行,应加强对移动支付信息的监管。可借鉴国外先进经验，引进合适的措施以逐步完善移动支付行业的信息披露制度和个人信息保护制度。如规定移动支付机构信息披露的具体流程包括时间限制、方式限制等，规定除移动支付机构之外其他可能侵犯个人信息的主体及情形，以及个人信息保护制度适用的豁免情形。

（2）移动支付机构应积极开发和采用先进技术，以防止网上支付的潜在风险。加强管理客户身份信息，并逐步建立在线交易的真实姓名系统，为监督机构提供一个基础，以调查和打击非法和犯罪活动，例如互联网洗钱和赌博。认真履行打击洗钱的义务。在日常交易中，如果发现可疑交易和洗钱活动时，必须立即向监督机构报告。

（3）消费者要在互联网上提高对预防金融风险的意识，提高警惕，防止在互联网平台上恶意欺骗虚假信息和非法交易，并注意保护个人信息，如相关的账户和个人数据等。此外，必须提高投资管理的专业素质，并加强投资管理、风险预防和控制的水平。

第二节　发展 P2P 网络借贷的对策建议

一、坚持红线适度监管

银监会于 2014 年上半年已被指定为被 P2P 行业的监管机构，接下来重点关注的是如何监管的问题。作为实现普惠金融的重要途径，P2P 行业针对的是微小企业组成的长尾市场，市场本身鱼龙混杂，出问题很正常。因此，应该遵循制度监管、引导发展的原则，在坚持底线的基础上，商业创新备份空间。国家监管、行业管理和市场制约应保持动态平衡，达到既规范市场又不扼杀企业成长的目的。

业务红线方面，2014 年 4 月，银监会已明确指出：第一，必须确定好 P2P 平台的中介性质；第二，必须确定平台本身不应提供担保；第三，不能用归集资金搞资金池；第四，不允许非法吸收公共资金。P2P 不是金融机构，无论从现有法律框架还是牌照角度考虑，业务流程、资金流转都应避免和持牌金融机构趋同。

基于以上分析的问题，结合业务红线，我们建议适度监管的内容应包括：

（1）为 P2P 设定一定的行业门槛。包括注册资金、运作能力评估、资金托管等。行业门槛可以在第一时间过滤掉一些没有资质的、匆忙上线的所谓的 P2P 平台。这在目前 P2P 平台迅猛增长、问题频发的阶段是非常必要的。

（2）将投资人的投资进行第三方托管，引进正规的审计机制。P2P 机构自己不能碰钱，一方面避免卷钱跑路，另一方面也避免了非法集资嫌疑。具体可以考虑让 P2P 平台与银行合作，让银行充当托管一方。2015 年 6 月，宜人贷与广发银行进行资金托管合作，开启了 P2P 网络银行资金托管的先河。实际操作中，将涉及平台和银行间数据对接、费率等问题。我们建议为平台的第三方托管出台一个统一的标准，并且创造银行公平竞争的环境。

（3）设定信息披露要求。包括风险提示平台自身的管理和运营信息，以及坏账信息等，开展必要的外部审计。2015 年 5 月，重庆优车融 P2P 平台发布的"P2P 信息披露标准 3.0"明确提出了平台对外披露的信息项目，可以为监管部门提供参考。

（4）实行投融双方实名制。在资金转账过程中，详细记录交易信息，利用信息安全技术对不同信用级别的用户分别进行不同形式的身份认证，明确资金流向，避免骗贷、洗钱等非法活动发生。

（5）进行第三方评级。指定合格的第三方评级机构对 P2P 公司进行评级，一方面帮助投资者选择更可靠的平台，另一方面也能促进平台自身不断改进，争取达到更高的评级。网贷之家就给出了每个 P2P 平台的评级，该评级根据客观可查的数据，用量化模型给出成交、人气杠杆积分、分散度、流动性、透明度六个指标，最终给出一个综合指数。

二、加强风险管理

P2P 借贷的平台涉及借款人风险、平台自身风险和网络安全风险。因此，应该从以下三个方面进行风险管理。

（一）P2P 平台自身的风控

P2P 行业表面上是金融，核心是风控，本质上是一个门槛相当高的行业。如何根据借款人的不同行为特征等数据建立评分体系来判断违约概率，是风控的核心内容。P2P 平台的风险定价能力直接决定了其生存能力和盈利能力。目前多数 P2P 平台以线下风控为主，这主要是受限于我国社会信用数据和信用体系不完善的国情。当前的首要任务是立足线下，做好线下风控。但线下风控存在成本高、效率低、主观性强的问题。P2P 平台应当逐步从目前的线下风控为主过渡到线上风控为主，建立以大数据驱动的自动化风控模型，降低风控成本的同时提高风控质量。当然，还需要一个良好的征信环境为基础。

（二）监管部门要对 P2P 平台的风险进行监测

建立一个全国性的财务监测和管理系统，并逐步建立一个风险指标系统，用于在线贷款平台 P2P。监测范围可包括借款目的、借款利率、贷款期限、偿还状况等，将 P2P 网络借贷纳入财务监测和管理。通过监控，尽早发现问题平台并采取相应措施。

（三）网络安全

通过采取多种安全技术，提高 P2P 网络平台应用层面的安全性，在进行网上资金转账等业务操作时确保客户的资金、身份等信息的有效性与合法性，并防止用户信息在网络传输的过程中遭到恶意篡改和泄露，确保交易安全。

三、改善征信环境

信用是金融的核心，征信是互联网金融的基石。P2P 行业尤其依赖良好的征信环境。P2P 网络贷款在欧美发达国家兴起和逐渐兴旺的过程中，这些国家规范、完善、成熟的个人信用体系为该行业的发展提供了良好的征信保障。完整的个人征信体系会带来规模效应，如节省大量的对借款人的征信成本以及借款人违约带来的成本等，而且有利于诚信社会建设。

因此我们建议：

（1）加快建立互联网金融调查系统。像中国人民银行的信用报告制度，互联网上的金融信用报告系统将成为互联网金融的主要基础设施，甚至整个互联网社区，有关部门应协调和加快建设进程。从中国的情况看，有两种方式可以改善有关的信贷信息系统：一是基于金融平台开发商在互联网上实现商业化的目标，它们必须改进适当的信贷信息系统，以建立一个平台，并遵守中间规则，这是进入市场的最低门槛之一；二是依靠现有的信贷调查系统扩大互联网金融领域。在此期间，政府将在"强制性系统改革"中发挥主导作用，并将提供信贷调查系统作为一种公共产品供公众使用。

（2）引入第三方征信。考虑到我国的国情，中央银行的信贷信息系统在短时间内无法广泛使用。可以充分发挥商业信用报告机构和行业组织的作用，引入第三方征信。目前已出现了面向 P2P 行业提供征信服务的第三方征信机构，如上海资信和北京安融惠众等。具体思路为：首先，促进 P2P 信贷平台之间的信息交流和机构间的信息交流，以及进入机构的信贷数据库；然后，通过积累，该机构了解每个 P2P 贷款平台的数据质量，并评估其信用评级能力；最后，中央银行规定了接入权，为各机构提供适当的 P2P 贷款平台，通过各机构间接利用中央银行信贷调查系统，包括数据报告和用户要求。

第三节　发展众筹融资的对策建议

一、众筹豁免，取得合法地位

根据我国《证券法》的规定，公开发行必须通过发行审核委员会的审核程序，按照核准程序向投资者披露相关信息，受证监会监管。而参与众筹融资的大多是初创企业或者是小微企业，无法承担核准程序带来的成本。证券发行核准程序的目的在于保护投资者，但不可因噎废食，成为企业融资的巨大障碍，因此需要找到一个折中的办法。鉴于股权众筹多人、小额的特点，可以参照国外的经验为其设置一个单独的豁免制度。2012 年，美国颁布的 JOBS 法案（Jumpstart Our Business Startups Act）就明确规定了众筹豁免制度，确立了股权众筹的合法地位。中国现行证券法只规定了非公开发行豁免，并未给股权众筹留下空间。

可以考虑修改《证券法》并加入小额豁免和众筹豁免。小额豁免和众筹豁免是分别针对发行人的众筹额度和投资人的投资额度的豁免制度。

（1）小额豁免。就投资者保护来说，立法者要主要关心三件事：第一，信息的获得；第二，欺诈；第三，公共性损害。对于中小企业和创业企业的融资而言，其中信息的获得较为困难且成本巨大；欺诈事前避免很困难，只能靠事后的责任追究机制；公共性损害则因为融资规模小而并不突出。许多国家通过设置小额豁免制度来为中小企业和创业企业提供一定的便利，其立法目的就在于成本收益的考虑。因此，小额豁免对于股权众筹是合理的。

（2）从投资者的角度看，如果规定了小额投资的上限，则投资者的风险就变得可控，即使投资失败也不会引起太大的问题。这也正是众筹豁免的出发点。

美国 JOBS 法案限制发行人每 12 个月在众筹豁免中的筹资额是 100 万美元，同时对投资者参与众筹投资的金额也进行限制：以年收入和净资产额 10 万美元为限，低于 10 万美元的，其在 12 个月内参与众筹的投资不能超过 2000 万美元，或者年收入的 5%，以高者为准；高于 10 万美元的，则允许在 12 个月内参与众筹投资的总额是 10%，最高不超过 10 万美元。我国也可以参照这个思路，根据具体国情制定一定的标准，实现小额豁免和众筹面，给众筹融资一个合法的地位。

二、加强监管，规范市场参与者

2014 年 3 月，证监会在主观上承认了股权众筹的合法性，将其纳入监管。在监管方面，我们认为应该分别从投资者、融资者以及众筹平台的角度加强股权众筹运作的规范性。

（1）首先根据投资者的资产状况设定不同的投资门槛及投资限制。如对于具有丰富的投资经验和足够的抗风险能力的投资者投资限制将会较小，而对于资产或收入未达到一定条件的投资者，甚至不应该开放股权众筹投资。

（2）加强投资者教育，充分揭示股权众筹风险，避免投资者盲目投资，降低项目失败对投资者的不利影响。同时需要保证投资者提供有关个人、财产、收入证明和其他资料的准确和完整的信息。

（3）目前普遍采用的"领投+跟投"的模式的关键在于保证领投方的合格性，包括足够的经济实力、对所投项目的熟悉程度，项目的经营管理能力、尽责程度等，并明确领投方的权利和义务。主要投资者通过主要投资项目获得资本或收入的一些奖励措施。同时，它们需要有一个限制性机制。除了对项目进行彻底的综合审计外，还需要定期报告投资项目的进展情况，并及时与其他投资者进行沟通。同时需要保证领投方在利益上与普通众筹股东高度一致，避免融资方和领投方的恶意串通。

（4）出台相应的法律法规，使得融资方必须保证项目的真实合法性准确、及时、全面的披露财务信息，是投资者能准确把握项目的潜在风险。发行人应披露的信息主要包括：发行人及其经理、高级管理业务计划（主要经营活动）资金的使用金额、生产期限、生产价格、所有权和资本结构、财务信息等。

（5）明确众筹平台的义务，规范其行为、提高众筹平台的尽责程度。将投资人的资金进行第三方托管，引进正规的审计机制。众筹平台最基本的义务是核实融资方以及投资者的基本信息，对投融资双方进行实名认证，并动态实时披露融资方及项目的基本情况。为避免不正当竞争，众筹网站应当被禁止进行项目推介，不得提供有偏向的投资建议。

2014年2月，监证会发布了《私募股权众筹融资管理办法（试行）》（征求意见稿），这对于股权众筹的发展具有里程碑式的重大意义。管理措施初步确定了与监督股东众筹有关的一些问题，包括众筹股票的非公开投标的性质、固定平台、确定和保护投资者、融资人的义务等，为中小企业和微型企业提供直接融资渠道，促进创新和创业精神，促进互联网金融的健康发展，加强资本市场为实体经济服务的能力，保护投资者的合法权益和防止金融风险。

三、提高股权流动性

目前，一个相对简单合理的思路为：按一定标准整合某些众筹平台，进行统一管理，实现平台内部以及多个平台间的流动。目前，中证机构间报价系统股份有限公司的报价系统中的众筹模块（以下简称中证众筹）就提供了这样的功能。中证众筹本身不是融资中介机构，只是搭建一个公共平台给券商和其他中介机构使用，相当于"平台的平台"。在中证众筹平台做的股权众筹，企业在股权转让平台挂牌或披露信息后，其股权就可以直接在这个平台上买卖。因此，中证众筹平台给出了一种缓解流动性不足问题的解决思路。

其他可参考的思路为资产证券化，将众筹股权打包进一步发行证券。但资产证券化正是导致美国次贷危机的根本原因，且股权众筹项目是风险极高的项目，资产证券化是否可行有待讨论。

四、加强筹后管理

一般情况下，股权众筹平台的工作重心在筹前，平台的核心竞争力体现在评估、筛选出好项目的能力。融资项目方最关注筹中，因为在这阶段可以拿到资金，但是对于投资人而言，最重要的是在筹后。通过筹后管理模块，帮助创业者理清战略，提供其成长所需要的资源，才能真正提升创业项目的成功率，形成众筹平台、投资者和融资者三赢的局面。

筹后管理主要包括协助项目运行、项目信息披露和协助后续融资等。众筹平台应当更多地承担起筹后管理的职责，加强售后管理既是保护投资者的需要，也是众筹平台提供延伸业务的机会，包括为企业解决流动性问题。众筹平台将众筹成功后的售后管理工作持续下去，也有助于中介机构提高客户黏性。具体可以采取以下措施：

（1）融资成功后，引导融资方和投资人签订合伙协议，明确领投人的权利和义务。对项目进行筹后巡检，保障投资人筹后权益，帮助领投人发现项目问题，激发投资支持项目的热情，帮助融资方实现筹人、筹智、筹资源的目的。

（2）公布项目运营情况。定期向投资人公布项目的运营情况、进展及财务数据等信息。例如人人投要求成功融资的店铺安装第三方财务监管软件和云摄像头，使得投资人可以实时查看店内情况及营业流水。

（3）明确项目责任人。具体项目由一名特别人员负责，其他人则协助投资者协调资源。如果出现问题，你可以直接找到相应的负责人，帮助迅速和有效地解决问题。

第四节 发展互联网理财的对策建议

一、加快立法进程，规范市场

余额宝等互联网金融理财产品具有重要的创新意义。互联网金融理财产品起到了作为民间力量打破银行在理财产品销售甚至"揽储"方面垄断地位的效果，是新技术、新商业模式对垄断的突破。以余额宝为代表的互联网金融理财产品投资门槛低、收益稳定、方便快捷、流动性高，最能体现普惠金融的特点。中国人民银行应该鼓励互联网金融理财，逐步完善相关法律法规，使其朝合法、健康的方向发展。

（1）首要的问题是赋予互联网金融理财确切的法律定位，通过法律法规明确界定移动支付机构的性质、业务范围、行业规章、法律责任以及相应监管机构等。

（2）完善监管机构，建立一个多层次的互联网金融监管系统。目前，我们必须首先确定互联网财务管理的行为模式，并在此基础上确定财务监督对象、监督主体和监督范围。中国人民银行在监督和监督跨部门和跨区域互联网金融管理业务模式方面的基本立场必须明确，加强中国人民银行和证监会之间的信息共享、协调合作，形成监管合力。

（3）建立行业协会，以便在互联网金融业中充分发挥自我管制组织的作用。

二、规范市场运作

规范市场运作的基本思路是:

(1) 明确准入门槛。从资金实力、业务能力、人才储备各方面设定互联网金融理财机构的资质。

(2) 加强风险揭示。移动支付平台应该在其主页介绍基金管理公司的基本情况、公司业绩介绍和基金产品的风险介绍。为投资者提供作出投资判断的基础,提高他们对风险的认识。

(3) 基金活动的披露。基金管理人和移动支付平台应共同建立一个正式的主页,通过移动支付平台公布信息,这对投资者的关键利益至关重要,对于像是基金合同、存款协议、定期报告和投资收入等关系投资者自身利益的信息要及时披露并更新信息内容。

(4) 进一步改进吸引投资者的监督机制。与基金有关的信息在投资者的投资判断中几乎发挥了关键作用。因此,如果给予投资者监督披露的权力,不仅可以提高投资者对风险和权利的认识,而且还可以改善信息披露制度。

三、加强风险防范

(1) 加强资金和信息安全监管。这一点与前述关于移动支付机构的监管对策是一样的。

(2) 加强流动性监管。监管部门必须加强对资金的动态跟踪监测,防止出现客户备付资金被挪用和流动风险问题。此外,还应加强对互联网上与金融福利管理产品有关的货币的监测,严格控制评级较低的资金数额,并对外汇投资银行合同存款准备金进行管理,吸收基金存款的银行根据比例缴存准备金,以确保资金的安全和金融市场的稳定。

第五节　国家层面的对策建议

为了国内整个互联网金融的健康发展，从国家层面上应该注意以下几个方面的建设。

一、优化和完善法律体系

恢复和重建法律制度是切实降低法律风险的重要途径。虽然互联网的资金投入经历了一个发展阶段，但法律制度的发展远远落后于真正的发展状况。法律体系一直以来被视为整个行业发展的顶层设计，完善的法律体系不仅可以防范可能遇到的法律障碍，更重要的是可以将整个行业纳入法律体系的保护之下，使之可以更加健康有序地发展。

就目前的情况来看，整个互联网金融体系还没有建立起完整有效的法律体系。互联网金融法律体系仍然是以传统金融制度为基础，甚至适用现行金融制度的规律，导致效率和意义的缺失。传统金融的法律体系是以银行、证券、基金、信托和保险等作为最主要的主体，现有金融法律体系就是用来保护传统金融业的发展。而互联网金融是有别于直接金融与间接金融的第三种金融模式，并不属于其中的任何一种，因此将传统的金融法律制度直接用于互联网金融是一种很勉强的做法。整个互联网金融法律体系应当是一个以移动支付、P2P网络信贷、盗用金融为基础的法律体系，互联网和金融互联网资本管理，应该以保护这五种金融模式健康发展作为出发点与落脚点。

二、建设有效的监管体系

互联网金融的特点决定了它与传统金融在风险因素和影响传播方面的区别。除了传统金融行业的流动性风险、市场风险和利率风险之外，互联网金融也面临技术风险，基于信息技术的风险、系统安全风险和虚拟金融服务的各种商业风险以及扩散速度更快的风险，风险因素更为复杂。因此，互联网金融要普及和发展的前提是要确保投资者的资金安全性和用户信息安全性，建设有效的监管体系。

就目前对互联网金融的监管来看，只有移动支付行业的法律体系建设相对而言较为完善，特别是央行在2010年颁布了《非金融机构支付服务管理办法》之后，整个第三方支付行业的最上层法律架构搭建完成。除此之外，关于移动支付的相关配套立法也相继出台，移动支付行业的法律框架体系已经初步建立。因此，移动支付是目前整个互联网金融发展中最健康的、法律风险最小的一个子业态。此外，众筹融资的法律体系也已经在建立之中。2014年12月18日，中国证券业协会网站公布了《私募股权众筹融资管理办法（试行）》（征求意见稿），表明众筹成为继移动支付以后第二个建立有效法律体系的互联网金融行业。而对P2P网络借贷、互联网理财以及金融互联网等的法律体系还处于探索阶段。2015年7月出台的《关于促进互联网金融健康发展的指导意见》明确了互联网金融监管责任。

根据外国对互联网的金融管理经验，提出了以下关于通过互联网建立内部金融监督的建议。

首先，从监管角度看，应该坚持"相信市场，而不是盲目追求"的理念。只有这样，才能有效地控制风险，同时维持互联网金融的可持续和健康发展。从某种意义上说，市场机制可以在控制风险方面发挥作用。例如，消费者的选择将消除不可靠的信息安全机构；新产品和新格式的出现将继续迫使现有机构改进和更新产品和服务。另一方面，市场机构可以"发挥关键作用"的前提是监管机构必须先发挥更大的作用。例如，为了使市场能够有效地惩罚安全机制不足的组织，除了将标准罚款作为日常的例行要求之外，美国许多州政府要求流动支付机构定期公布安全报告情况。在中国，虽然许多金融网络公司都一直面临着数据泄漏的风险，他们也都采取了一些应对手段，但从来没有一个完整的报告能够将这些风险和手段进行汇总、整理和公布。显然，这既不利于适者生存的法则，也不利于互联网金融的迅速发展，因此需要鼓励金融网络公司加强自律。

其次，监管者应该始终把保护消费者放在第一位。在美国手机监管要求框架的八个主要组成部分中,有六个主要部分直接保护用户的权利的。尽管监管部门对 PayPal 应该属于"银行"还是"支付机构"存在着异议,但实际上这是在消费者权益保护的范围内。所有受保护用户权利的基本出发点是充分、有效、动态的信息公布,让用户进行有选择的信息响应。目前,中国在监管的规则中,对这些因素的理解和重视程度严重不足。比如,由于互联网上管理金融福利的产品的迅速发展,合同关系不明确,广告被人玩弄花招迷惑人心,而消费者不了解各种各样的"宝藏",它们在外形上或许是相似的,但是实际却相差甚远,事实上就是缺乏信息披露。

再次,监督必须从"本质"开始,而不是从"称呼"开始。在美国,虽然 PayPal 一直对外声称它只是一个移动支付机构,而不是一个银行性质的机构,但纽约州(欧盟也承认 PayPal 是一个"银行"性质,因为这篇文章主要讨论的是美国,所以欧盟对 PayPal 监督暂不详细解释)却根据 paypal 业务的性质,无论是满足"银行"的规范要求,还是改变其业务模式,回到真正的"支付机构"。中国金融公司在互联网上特别引人注意的原因是,他们在很大程度上使用自己的"支付许可证",但实际上,却在继续扩大他们的业务规模,在不同的金融领域变得如入无人之境。进行与银行相同的活动,但不接受与银行相同的监督。

最后,倡导互联网金融从业者加强对监管规则的了解。截止到目前,尽管美国监管机构在监管方面似乎一直"沉默",但由观察员和专家委托成立的"移动支付工作组"对手机行业的发展进行了监测,并提出了"现行监管框架"的建议。在我国,一些网络金融公司一直怀疑自己比"专家"更懂金融,实则是对监管规则缺乏足够的了解。

三、健全信用管理体系

相比于西方发达国家的互联网金融体系来说,中国目前互联网金融市场的发展存在的一个主要矛盾是飞速发展的互联网金融市场与征信体系不健全之间的矛盾。而在当前征信体系不健全的背景下,因征信体系不完善从而导致互联网金融风险层出不穷,特别是对于 P2P 网络借贷行业而言。征信体系不完善，是制约整个行业能否发展壮大的关键所在。

征信体系的建设涉及方方面面，包括社会信用体系、意识和信用环境的改善、高素质的征信从业人员、征信从业人员数量、高级金融专业人才等。同时，在征信管理条例出台后，欠缺同步出台各种管理办法，如制定评级介入的法律制度等。建立健全信用标准体系、扩大信用信息范围也有待加强。

正如马云所言"金融的核心是信用，而互联网本身就是在构建一个有信用系统"。对于许多互联网金融公司和互联网用户来说，信用风险是互联网金融中存在的最大风险。

经过近10年的努力，中国的征信体系建设已取得了初步的成效。与欧美成熟的征信市场相比，中国的征信体系是以央行征信中心为主体、多种商业形态的征信机构并存的局面。在接下来的征信体系的建设中，建议参考人民银行在中国的贷款信息系统，将互联网金融困难产生的贷款信息纳入公司征集和居民贷款信息数据库，构建一个集信用系统、征信系统、登记系统、注册系统等为一体的征信体系，防止用户因非机密信息而做出不利决定。

四、设立市场准入与退出机制

市场的准入与退出机制是一个行业最有效的自净过程，其完善与否直接关系到行业的更新换代。市场准入门槛为行业设置了进入的标准，可以在一定程度上将许多不合格的市场参与主体拒之门外，提升行业参与者的层次与标准，给整个行业把好第一道关。而行业的退出机制则被视为是清理过于臃肿行业、减少资源浪费的最有效的方法。

就目前整个互联网金融行业而言，市场准入机制与退出机制尚未完全建立。目前只有移动支付行业建立起了牌照管理制度，其余各个子行业至今没有建立起有效的准入制度，也没有设立退出机制。一方面，由于准入机制的缺失，参与者的参与成本极低，导致整个行业鱼龙混杂，优质参与主体泯灭。与此同时，导致许多投机主义者抱着"赚快钱""试一试"的想法来参与市场竞争，即使失败了也没有遭受大的缺失，从而导致整个行业发展极不稳定，市场发展更具情绪化。另外一方面，由于缺乏退出机制，在整个互联网金融行业中出现了大量的僵尸企业,其业务量很少甚至没有业务量,但是它们却牢牢拽住了入主的业务,导致资源的限制与浪费。

在这样的大环境下,完善互联网金融的市场准入机制,提高准入门槛以及健全退出机制是一个切实有效的办法。设立市场准入和退出机制是将进入和退出互联网的所有金融发展进行分类,是加速这个行业更新换代的最有效途径之一。

五、强化合作与优化竞争格局

竞争促使发展,合作才能共赢。目前互联网金融已经进入 2.0 时代,第一阶段的"跑马圈地"时代已经过去,现阶段需要进行的重点工作是对于现有市场的巩固与开发。随着行业的参与者增多,行业的竞争压力也日益凸显,恶性竞争频繁出现。在这种情况下,整个市场需要一个参与主体来协调各方利益,化解矛盾,合作共赢,强化合作、优化竞争格局应该从以下几个方面进行。

(一)推进互联网金融行业协会的发展

行业协会是促进合作、优化竞争格局的有效手段之一。2013 年至今,全国已经举办了数以百计的互联网金融研讨会。经过多次的探讨交流,在加强合作、防止恶性竞争方面达成了很多共识。行业协会在其行业发展中是非常重要的,具体表现在以下四个方面。

第一,组织职能。像是行业协会这样的非政府机构在同一行业的组织和管理方面发挥着独特的作用。它是根据一个统一的规章来体现自己的组织作用:提高企业在面对市场带来的风险时的应对能力,保护企业的一般经济权利和利益,调节市场行为和分配市场资源。

第二,协调职能。作为整个行业的代表,行业协会可以利用其共同的能力对各种关系进行管理和协调,因此,降低了一个企业的交易成本,提高了办事效率。

第三,服务职能。行业协会(商会)的主要职能是保护成员企业的利益,促进公平和公正。行业协会向成员单位、政府和其他机构提供各种市场信息，并提供法律咨询和服务，协调和解决贸易中产生的问题，如举办展览会，进行商务培训等。

第四，监管职能。行业协会在其原本的行业中是比较权威的存在。一般来说，他们可以参与制定该行业的相关政策和条例，并拥有一定的法律制定和管理权限。而一般来说，由行业协会所制定出的行业政策往往也是国家相关政策制定的基础。

互联网金融行业协会可以在以上四个方面发挥功能，具体体现在组织行业间企业的合作，协调行业内的冲突与合作，提升协会对行业的服务能力，发挥协会监督管理行业的发展等功能。

2013年11月，中国互联网金融协会在北京正式成立，成为互联网金融领域第一个全国性质的自律组织，互联网金融协会是一个全国性的金融机构，是由互联网机构以及从事互联网金融行业的企业、实体企业、社会团体和个人自愿组成的全国性、综合性、非营利性的民间社会团体。

截至目前，中国互联网金融协会已经拥有会员400余家，会员主要由P2P网贷企业、众筹平台以及民间资本管理公司等共同组成。随着会员数量和质量的不断重组，整个互联网金融行业协会的发展更加突出，也将成为全国互联网金融发展的重要职业指南。

除了全国性质的互联网金融协会以外，各个地区在地方政府的支持下，也纷纷成立地区性的互联网金融协会。2013年8月，在北京中关村管委会和北京市民政局的指导监督下，中关村互联网金融协会正式成立，成为全国首批区域性互联网金融协会。2014年1月24日，广东省互联网金融协会正式成立，成了全国范围内第一个由政府批准成立的省级互联网金融行业社会组织。

（二）规范互联网金融行业自律

行业自律管理是互联网金融规范化发展过程中又一个非常重要的举措。在整个行业受监管的"紧箍咒"降临之前，通过行业自律寻求市场秩序是一种最为有效的"锤炼"，同时行业自律行为也为行业监管措施提供了一个最为有效的方向指引。

在西方发达国家中,行业自律管理在一定程度上已经完全超越了来自外部的强制性规范,完善的行业自律规则可以从道德的角度来约束发展过程中的不良势头,是一种自我约束的过程。当前,国内的互联网金融亟须来自行业内部的自律管理来规范互联网金融发展过程中产生的不良趋势。

2013 年 11 月,天使汇连同中关村天使投资协会、青年天使会、中关村企业家天使投资联盟、中关村互联网金融行业协会、天津市天使投资协会、清华校友 TMT 协会、创业基金会、创业工场、AngelVest、China Venture,中央财经大学金融法研究所等在北京共同发布了众筹行业第一个自律性规范——《中国天使众筹领投人规则》,成为众筹领域第一个非官方性质的行业自律规范。《领投规则》介绍了天使众筹的大概方法,该方法能够更好地解决创业公司和投资者在天使众筹过程中复杂的"多对多"的互动成本问题,进一步支持我国天使投资行业的整合、规范化和标准化,这样投资者和领导者才能获得更大的利益。

(三)防止恶性竞争

经过发展,目前互联网金融的发展已经迈过第一阶段,市场份额瓜分初步完成。这个时期企业提供的产品同质化更加严重,行业竞争局面已不可避免。而同质化的产品必然导致竞争的加剧,甚至出现恶性竞争的局面。这就是为什么以产业为主要驱动力来惩罚恶性竞争是一种更为有效和可行的方法。行业协会在情节严重的情况下,可以向相关网络公司给予保留、监管、处罚、市场禁入等措施,防止恶性竞争的局面出现。

六、建设资金托管清算体系

金融安全是网络金融业最重要的影响因素,是金融行业的立身之本,同时资金的安全也是所有投资者首要关注的焦点。监管层也先后多次表态,要建立关于互联网金融行业的资金清算和托管体系。从目前的实际情况看,整个互联网金融的资金管理还是非常混乱的,特别是 P2P 网络借贷的资金管理。最近一段时期内，关于 P2P 行业的倒闭、卷款逃跑的消息层出不穷，其中最主要的原因在于借贷资金并没有被有效地管理。P2P 网络借贷机构既是运动员又兼任裁判员，造成了资金管理的混乱，无法形成有效的风险隔离机制。

建立有效的资金托管清算体系是确保金融安全最有效的方法。托管的意义是，现金流是由股份公司经营的，不通过平台的银行账户，这实际上可以避免由于治理不善而导致擅自挪用资金交易，并给业务双方带来风险。在托管方式里，托管方只需要保障资金流的安全，交易双方的资金和平台的资金可以避免交叉。

七、加强透明度建设

从 2013 年至今，普惠金融的概念在坊间广为流传，而促成这一理念诞生的，正是在中国这片土地上越来越火热的互联网金融。众多知名企业纷纷出手，各种各样的互联网金融产品纷纷出现。阿里的余额宝、娱乐宝、招财宝，微信的理财通，陆金所、钱多多，人人贷的 P2P 网贷，此外还有众筹、移动支付等，互联网金融正用其强大的生命力和创造力向世人诠释着普惠二字的真谛，相关的产品运营企业也在这场热潮中得以迅速发展壮大。

随着各类理财产品不断牵动着投资者敏感的神经，产品自身不够透明化，也一度引起市场人士的非议。一些不规范的产品运营者，在销售中对客户刻意隐瞒产品特点，后期形成各种各样的纠纷也不在少数。

造成市场透明度低下的原因有很多。一方面，中国的普通投资人在金融知识储备上落后于市场创新的速度；另一方面，运营企业出于销售的需要，在宣传时可能会出现一定程度的弱化。这种行为一般来说并不是坏事，但事实上，往往很容易引起投资者对投资的误解，造成分歧。

因此，产品运营方在重视市场规模的同时，也要注重在业务开展过程中对投资人持续不断地教育和培养，让投资者对产品本身的主要规律和特点有更深入的了解。必要时，可以请投资人亲自到公司进行考察，相互了解，使业务发展更加透明。

互联网金融企业应该加强其透明度建设,这种建设本身对企业和投资者双方都有好处。在这一过程中,企业自身做得非常公开透明,因此可以极大地增强客户的信任度,从而提升客户的黏性。

第六章　互联网金融的风控与监管

第一节　互联网金融风险分析与风险控制

一、国内互联网金融风险实况调查

（一）业务扩张风险

如今，很多网络金融都是在"合法"和"非法"之间游走的，稍有失足就有可能触及"非法吸收公众存款"或"非法集资"的底线。目前，网络金融主要包括三种类型：理财、支付、融资。在理财方案方面，目前的"余额宝"主要是将资金投资在货币市场基金等，风险低，收益低。如果你投资的是高风险、高收益性的项目，而信息又不及时全面，当它出现了风险时，就会与金融用户之间存在一定的欺诈行为。移动支付的安全边际低于银行账户，被盗风险更高。支付宝等第三方发行的电子信用凭证，存在着因网络安全问题所造成的风险。网络外部产业本质上是没有门槛、没有标准、没有监控的"三无状态"。一些P2P公司从事大量的线下业务，不按照相关规定出售理财产品，信息不公开，日期错配，风险大。仅2012年一年，就有许多网上放贷公司"跑路"。个人的信用信息遭遇泄露和利用。目前对网络金融安全的主要威胁是由数据挖掘和分析非法获取到个人及企业的相关信息，并被用作信用评估的基础。虽然受到互联网模式的影响，数据的供给在增加，但这些数据的可靠性、完整性和真实性应该如何衡量？可以根据数据分析，但如果数据本身有问题，这样的财务表现其实风险很大。

（二）系统的安全性不高

当金融接入互联网后，风险就成了主要问题。在过去，黑客入侵银行网站、窃取个人财务信息的情况并不少见。互联网资产本身是由技术支撑的，如果技术还不够好，并且遭遇了平台攻击，那么互联网金融的资产安全和常规操作就会受到影响。例如，中财在线开发的系统遭到了计算机黑客程序的攻击，这些驱动程序泄露了一些用户的数据并运行了这些数据。

（三）缺少监管

由于互联网金融在中国还处于初级阶段，在监管和法律方面没有明显的制约条件，整个互联网金融行业都在"摸石头过河"。有很多公司违反了相关法律法规，大肆开展线下活动，不按照规定向群众提供理财商品，甚至触及"非法吸收公众财产"和"非法集资"的界线，这种结果导致了不可低估的金融风险。从这个角度来看，随着监管政策的不断清晰和完善，该行业将被进行规范化的管理，改善和纠正是不可避免的。据企业界电子商务与信息化司司长聂林海介绍，有关互联网金融的法律法规仍在商讨中，商务部已经对此投入了大量精力进行研究，其中比较重要的一项就是立法。然而，监管机构的法律要求对网络支付系统的增长决策、利率设定、佣金支付的回馈等进行认识。所以，鉴于目前的立法框架、目前的范围和技术情况，没有办法开始监管。

二、网络金融安全模式分析

（一）网络金融风险的特征

网络金融具有互联网与金融的双重特征。网络金融主要包括手机支付、P2P、大数据金融模式、众筹等主要类型。网络金融与传统金融一样，核心都是金融，互联网只是一种方式和方法。因此，网络金融还将面临与传统金融一样的风险：系统性风险、不固定风险、贷款风险、操作风险、技术风险等。

网络金融是一种技术和商业性质的金融，它不同于正常金融的固有模式，因此它的风险性有其自身的特征。网络的技术特征决定了网络金融风险的特征：

（1）金融风险迅速蔓延。互联网金融具有高科技的快速遥感业务，为舒适快捷的金融服务信息技术提供了强有力的技术支持。凡事都有两面性，高科技风险也会加速支付、调整和金融风险的到来，增加了金融风险和扩大了改善成本的范围。

（2）对金融环境的监管力度有了更进一步的要求。同样，所谓"道高一尺魔高一丈"，这也对应了高科技金融网的特点，对网上金融风险的监测提出了更高的要求。互联网金融交易、支付和服务基本上都是通过互联网或者是移动网络来进行，虚拟化的商业模式使金融企业不再受空间和地域限制，交易内容变得不确定，企业规模更小，金融风险更为多样化。由于监管机构与被监管者之间缺乏可靠的信息联通，金融监管部门很难了解金融机构资产负债的真实现状，难以对潜在的金融风险进行有效的金融预估。

（3）金融风险的交叉传染风险变大。由于防火墙可能会被网络黑客和其他外部因素所攻击，所以防火墙的构建需要不断与时俱进，及时更新。互联网金融的客户和企业之间是相辅相成的，互联网的迅猛发展可能引发的金融危机将会更加迅速。

（二）网络金融风险类型

（1）征信风险

我国尚未全面发展客户信用评估体系，对客户信用的数据掌握不充分，难以对个人和机构贷款制定正确、准确、全面、有效的信用评定。与此同时，互联网发展迅猛，但其金融数据的可靠性、完整性无法得到保证。此外，一些公司不能有效地进行网络化整合，这将给金融企业的发展带来不小的征信风险。

（2）信用风险

这主要表明业务部门因无法按照约定进行而存在的风险。金融企业网上输出、验证手续和线下渠道不完善，服务商无法直接面对客户，资金不足，财务管理程序不健全，追偿制度和措施不健全，很容易产生财务失衡和信用风险高的问题。

(3) 流动性风险

互联网金融的本质依旧属于金融业务的范畴,但其发行会受到网络特点的影响。尤其是以电子商务和网上银行为基础的网上金融公司,在产生负面影响时,就会出现资金流动性风险,并将导致公司走入困境,出现客户无法融资等问题。

(4) 信誉风险

很多因素都会造成信誉的风险,其主要原因一般是所推出的商品或服务无法执行;客户遇到问题时无法及时给出解决方案;严重的网络故障导致部分或全部网站运营损失;客户的信息无法获得有效隐私保护等问题。这些都将导致互联网金融公司对客户造成欺诈的感觉,怀疑其业务能力和公司的可靠性,并造成信誉风险。

(5) 安全风险

计算机网络的发展对互联网金融提供了重要的平台支撑,若想确保互联网上金融服务的正常进行,需要大量的计算机程序和设备做支撑,网络具有很大的安全风险,如网络空间的攻击和病毒的攻击。当这种情况出现时,将直接影响到网络金融的安全性。

(6) 业务风险

不一致的信息在网上金融中很普遍,因此存在着不小的道德风险。这主要体现在以下两个方面:第一,网上金融都是以虚拟化的形式存在的,很多商业活动都是在一个虚拟交易平台上进行的,很难将买家的身份与信息进行真实比较,从而难以评估整体业务风险,做出正确的决定。第二,残酷的竞争,由于客户对各种互联网金融机制不了解,因此会出现很多高质量服务被低质量服务挤压的情况,从而导致网上金融市场成为"柠檬市场"。

(7) 操作风险

巴塞尔银行监管的委员会对操作风险是这样定义的:因为内部操作、员工、系统或外部事件不完整或有问题直接或间接损失的风险被称为操作风险。网上投资的金融风险主要包括客户在互联网上注册的账户的使用授权、安全管理和预警、不同类型客户之间的信息交换和电子身份识别等。此外,由于缺乏网络银行的相关安全知识，客户可能面临较高的操作风险。

互联网的金融安全体系对操作风险至关重要。鉴于网络金融存在许可系统、风险管理系统和信息交换系统等，当这些系统的设计出现问题时，将会不可避免地出现操作风险。

（8）技术风险

在线金融公司的快速发展都得益于在线金融技术的充分利用。然而，网络技术操作的稳定性和安全性也会导致网络资金和系统性风险。如果一直使用的物理设备没有得到正确的维护和存储，导致设备损坏或失去灵活性，则会带来物理风险，这样就无法及时抵挡外部攻击。同时，如果企业所选的网络技术不够成熟，则会降低信息的及时性，会出现传输速率低、信息交换过程中断、网络不稳定等问题，会严重影响业务的发展。

（9）收益风险

依托互联网提供金融服务、电子商务和信贷平台，消除了企业在员工、场地服务方面投入的成本。同时随着网络用户数量的不断增加，各种在线金融产品也被许多客户所接受。因此，与普通银行相比，其效益更高，体现了其高效率的特点。然而，与传统的金融服务相比，银行提供的技术和人员服务不可避免地需要改变，但这种改变需要投入更多的成本，面临着成本效益风险。

（10）纵向竞争风险

这主要表现为三方之间的商业竞争风险。互联网金融遍及多个行业，所有主要参与者都在依靠自己具有的优势快速发展。当互联网的金融体系还不完善的时候，很可能会出现企业发展不到位的现象。如果市场中没有约束，行业的发展可能会因过度竞争而引起动荡，任何主体都可能相互排斥，最终损害整个互联网金融的发展。这就是为什么这三个主体都要与另外两个主体展开激烈的竞争的原因。

（11）法律风险

网络金融正处于快速发展的阶段，但其发展还不是很完善，技术也不成熟，存在多方面的问题。与此相对矛盾的是，没有完善的法律法规和制度来支持它，且立法存在很大漏洞，在这样的情况下，让互联网金融服务在大多数情况下面临着新业务无法可依的窘境。公司在法律上和服务上都面临着违反法律和制度的风险。

详细来说有两个主要方面：一是很多的互联网交易都是虚拟的，违反了法规，很多业务违背了相关的权利和义务，存在很多违法违规行为；二是立法滞后，现行银行法、价格政策、保险法等目前还没有一个很好的方法来适应在线金融，它们需要改进。

（12）破产关停风险

互联网拥有庞大的受众群和影响力。如果上述 11 种风险在短期内过于集中和放大，网络金融便有可能受到重大的冲击。普通的银行在遇到严重困难时，可以向中央银行寻求帮助，但网上银行和贷款平台没有一个相应完善的保障机制，没有能力面对突发事件。一场重大的商业危机很可能导致其走向衰退，对金融行业的网络金融造成严重损害，并引发严重的经济和社会问题。

三、网络金融风险成因分析

（一）网络金融企业单位缺乏管理经验

目前，由于我国网络金融的企业质量良莠不齐，商业企业缺乏管理经验。如果管理者、进口商和市场经营者的任何一个环节发生变化，都可能给公司带来麻烦。在实际运营中，一些网络零售商使用大数据、云计算等技术，加上庞大的固定用户群，可以记录和识别所有的商业行为，对于风险的判断能力也更高。但也有一些互联网金融的参与者缺乏经验，而且缺乏风险管理意识，缺乏风险预估能力和良好的治理手段，这将成为此类企业潜在的风险因素。以 P2P 网络贷款为例，由于这一行业的门槛较低和缺乏监管，许多人趁机涌入该行业，一时间内网上借贷在各地蓬勃发展，但真实情况又是如何呢？像淘宝贷这样的网络借贷公司，曝出了"跑路"事件，2013 年 4 月，由于整个团队缺乏经验，没有预估和控制好风险，那些上线不到一个月的信贷平台基本都被迫宣布破产。

（二）社会贷款体系不够完善

由于与网络金融有关联的社会信用体系尚不完善，将信用信息传递给企业和个人是当前信用体系存在的主要问题。目前，在社会信用体系数据库建设的背景下，从银行贷款中心和工商所中小企业中心收到的贷款信息，可能无法涵盖企业和个人的整体、具体、高效的经营活动，它的作用也非常有限，这使得整个互联网金融领域呈现出金融的高风险状态。多年来，贷款管理系统的应用表明，互联网金融无法完全取代正常的贷款和风险管理，仅仅依靠互联网中的信息和业务是不够的。在当前互联网金融发展的大背景下，业务的背景做不到与实体经济的联系，个人信息也未能得到有效保护。相比之下，几千万的小型企业和贫困人员如果只是依靠虚拟世界的信息做风险评估是不合理的。近年来，个人数据在各种商业过程中被泄露，如果以战略目标为定位，这种大规模的信息泄露风险也将有可能使国家陷入危机。

（三）网络数据的可靠性、安全性和真实性存在着问题

互联网金融有其独有的便利性。一些赚钱的小企业只追求简单快捷，当系统技术不完善、网络技术存在风险隐患、相关数据库的可靠性无法保证时，才采取措施。同时，由于目前缺乏监控很容易引发数据库、客户个人信息泄露甚至欺诈等风险。

（四）有违反法律法规的行为

由于监管不力、缺乏立法、准入规章低，相关公司不需要相应的主管部门批准，导致行业混乱，企业水平良莠不齐。例如，据新闻媒体报道，某个公司以出售电子商务股权为由涉嫌非法集资、某个人通过网银出售赌博卡或抽奖，存在金融风险行为。

四、网络金融风险的防范与监控

因为网络金融包括各种制度、用户和品牌，在给人们带来极大方便的同时，也需要对其进行一定的管理，尽量避免潜在危险的发生，以使网络金融

长久发展。

(一) 提高立法建设,完善相应的法律法规

尽快出台防范互联网金融风险的法律标杆,逐渐形成一个接轨国际、支持互联网金融资源开发的监管体系。一是明确买家、用户、移动分销系统等电子商务各方的权利和义务,确保权利义务平等,控制交易双方的业务,加强财务治理,限制资金的流动和使用,保护当事人在交易中的合法权益。二是明确数字身份、数字签名、电子证据、电子合同等信息的相关内容,明确互联网金融企业应维护好电子数据内容,保证数据的安全性和数据的长期保存和记录的完整性,禁止伪造、销毁交易记录、用户信息等数据。

(二) 完善社会信用体系,加快互联网资金支持研究体系建设

加快信用研究系统的开发,确保系统的进展与互联网金融潜力的开发相一致:一是利用近期贷款研究方法中的机会,将互联网金融平台产生的贷款信息在数据库中收集整理纳入公司和个人贷款,为互联网金融提供了积极的服务。提供一个全面、可靠和系统的征信信息系统数据库。二是有关临时雇用、个人信用卡申请、税务、法庭、社会保险、公共保险、交通违法等的其他信息,在互联网平台上进行电子商务的企业,在数据库管理中建立行业内部信用体系,并与整个外部贷款压力研究框架相对接,实际上是与相关贷款数据的开放和共享相联系的,并为企业和个人的公正评估提供良好的数据保证。三是将利用线上或线下渠道对客户的身份进行核实,根据审查结果对借款人作出评估,对于存在不良信用记录的借款人信息应该共享,并改善对客户的信用评定。

(三) 关心消费者的访问权限,并为互联网金融构建用户保护设备

加强互联网金融活动展示,加强金融用户权益保护。一是构建消费者权益保护协调合作体系。结合企业对企业联网的现实,加强部门之间的协调配合,确保互联网金融用户的权益得到保护。二是在互联网上开辟解决消费金融问题的渠道。创建一个调解网上纠纷的网站,降低人们在互联网上的金融

利益的成本,并有效地打开互联网上金融分享的渠道。三是积极参与互联网金融消费的宣讲和教育。充分利用报纸、广播、电视、互联网等多种媒体,充分融合互联网和金融知识,广泛开展多元化的金融服务,提高互联网金融用户的识别风险能力和自我保护能力。

(四)巩固规则,完善互联网金融体系

建立协调完善的网上金融支持监测体系,确保创新得到充分包容,监管到位。一是重新组织各类金融服务在互联网上的业务范围,明确互联网金融企业和金融服务的监管机构。二是利用网络的资金监控网站。结合网上金融企业的特点,明确监管内容。从注册金融资源、组织机构和就业能力等方面制定行业准入标准,改进目前对就业部门的监管方法,重点关注公司的合法合规、股权和质量所有权、独立性、流动性、治理性和内部监控等,将从网络条件上及时纠正和完善,营造经济氛围,构建支撑网络金融生存发展的探索性治理体系。三是金融风险监测和预警的完善。加强对这个行业的研究和监测,监测互联网行业相对密集、多主体流动和实时跨境发展的背景,提出应急保障措施,完善风险防范设备。四是加强国际协调规则。加强与国际货币研究所的合作,明确网络金融的行业细分、准入条件、业务单元、业务量等思路,协调监测国际在线金融交流,逐步形成国际协调监测协调进程。五是为网上金融市场找到正确的出口。对互联网金融市场管理标准和实施细则进行微调,并说明在合同范围内发生重大风险、重大损失、重大违法违规行为时,交易者有义务采取合法有效的措施,继续按照市场基本规则进行合同谈判,并告知交易者其义务,切实保护交易人员的权益,并建立退出金融市场的机制。

第二节 互联网金融监管政策探索

一、互联网金融的国际经验

（一）网络行业 P2P 监控经验

1.美国

美国尚未通过专门针对 P2P 网络借贷行业的监管立法，主要是通过寻求有效的 P2P 相关立法来寻找合适的监管规定。P2P 网络借贷行业在美国受到联邦政府和州政府的双重监管。美国证券交易所通过信息披露的方法监控 P2P 网络借贷行业，主要通过法定信息披露、反欺诈等义务保护放款人的利益。此外，美国联邦贸易委员会不是一家监管机构，但它可以对不在其管辖范围内、参与第三方的 P2P 网络公司采取执法行动。也就是说，联邦政府承担了监管整个 P2P 网络借贷行业的责任。它还不断加强对金融用户权益的保护和监测，特别是在国际金融危机之后，专门成立了一个消费者保护机构，专门负责保护和监测 P2P 网络贷款的权益。

2.英国

英国是网上贷款的发源地。三个主要的 P2P 在线借贷平台（即 Zopa、Funding Circle 和 RateSetter）已经从他们的基金会发放了总计约 6 亿英镑的贷款。英国对 P2P 网络借贷行业的监控措施一般有：一是根据消费者信用法，将 P2P 网络贷款定义为消费信用贷款，具体分类为消费信用交易的管理。二是引入联合监测。在最初阶段，它由公平贸易管理局和金融服务管理局联合监测。公平贸易管理局通过消费者信用授权系统严格控制 P2P 网络的市场准入。金融服务管理局批准了金融服务补偿计划，以保护贷款人的资金安全，但目前公平贸易管理和金融服务管理的职责已转移给金融行为监管局，这将实现对 P2P 网络行业的联合监控。

3.韩国

韩国并没有单独对 P2P 网络借贷行业进行立法，而是基于现有的法律法规。一般来说，P2P 网络贷款企业与一般商品中介企业被一样对待，两者都被认为是网络电商，P2P 网络放款人根据在线交易的相关法律和规则受到监控。适用于韩国 P2P 网络借贷行业的法律法规包括：《电信法》《消费者权益保护法》《电商基本法》《公平显示广告法》《促进信息通信网络利用及信息保护法》及其他与消费者权益有关的法律和法规。

（二）移动支付监测的国际经验

1.美国

对美国移动支付的监控主要包括：一是第三方支付机构以银行存款机构以外的方式运作，以识别机构性质，并注册为"货币服务机构"，接受特殊监管。它只是一家进行转账的一般公司或货币服务公司，不是真正的信贷机构，法律上也不需要申请一般银行许可牌照。二是对移动支付机构进行管理，对其所在地、流动资金、投资额限制、登记和报告制度以及反洗钱进行管理。三是将移动支付平台中的固定资金视为负债。在美国联邦存款保险公司（Federal Deposit Insurance Corporation）的监督下，这些资金必须存入担保商业银行的无增长账户，每个账户的货币保险金额上限为 100000 美元。四是移动支付机构需要在美国金融机构的金融中心注册，并且在正式运营前必须有合适的证人进行作证。五是移动支付机构同意由联邦政府和州政府联合监控。每个国家根据联邦法律获得自己的监管目标和有效性，并对规则承担相应的责任。

2.欧盟

欧盟明确规定，移动支付机构在开展业务之前必须获得银行或电子货币许可证才能开展后续的业务，一般包括：一是规定移动分销设施必须拥有超过 100 万欧元的资金，并有充足的资金进行后续支持。二是为移动支付机构提供服务的资金是归于负债类的，投资活动取决于相应的限额。三是要求第三方支付机构必须有健全、智能化的管理和核算制度以及内部监控。四是移动支付机构需要定期提交自己的财务报表、审查报告和其他相关报告。

3.澳大利亚

澳大利亚承认移动支付行业为"公认的存款机构"或"金融服务机构"。具体包括：一是澳大利亚审慎监管服务机构颁发"授权存款机构许可证"，由证券公司和投资协会颁发"金融服务许可证"给移动支付机构。二是当获得相应授权时，采用独特的审查模式，不适用于移动支付机构的最低准入标准。三是要求移动支付机构通过国家监控和自我监控相结合的方式，在实现客户权益后，及时上报相关信息。

（三）监测金融部门融资的国际经验

1.美国

2012年4月5日，美国批准了《促进创业融资法案》，该法案允许小企业以"众筹融资"获得股票资金。美国是首先适当的改变规则，允许公民自由参与"众筹融资"的国家。具体包括：一是适当开放"众筹融资"的勾选。《促进创业融资法案》是指符合适当条件的资产融资平台的"多重资本形成"无需在联邦证券交易委员会登记，就可以进行有关的融资活动。二是限制项目融资总体水平。每个项目增加一个募集平台，其募集规模不得超过100万美元每年。三是限制资金投入。每个项目可能有若干投资者，但每项投资的资金来源都有一定的限制。四是保护投资人的利益。要求投资公司在联邦贸易署提出申请后立即向投资和中介机构提供相关的信息；投资公司的成员不得利用信息支持增加的营业额；澄清了投资如何改善消费者的限制；投资者必须向联邦证券交易委员会提交年度业务和财务报表并进行投资。

2.欧盟

关于"众筹融资"小册子的出版，英国和意大利都规定，融资期限为一年，少于500万欧元的资金不需要减少资金数额；德国要求期限在一年之内，且发行金额低于10万欧元的融资不需要公示募资小册子。关于"众筹融资"，英国和德国都承认"众筹融资"是一种合法的金融模式。西班牙指出，"众筹融资"必须受"工业和商业监管法"的约束。英国和意大利对这种模式的监控更为密切。其中，英国规定，集团融资融通和股权融资必须获得金融服务机构的授权才能开展业务。意大利规定的"众筹融资"模式，必须遵守国际银行法和相关法律法规。

二、国外金融监管在互联网上对中国的影响研究

互联网金融环境的重要性在于维护金融体系的稳定和健康，维护金融市场的公平公正，监控金融机构的规则和安全，保护消费者的合法权益。美国、韩国、欧盟等国家的互联网经济比较发达，特别是在P2P贷款、第三方支付平台和"多元融资"方面。因此，借鉴美国、韩国、欧盟等国家互联网金融成功的经验，结合中国在互联网上的实际发展定位，中国金融监管应做到以下几点：

（一）加快制定和重建互联网金融环境的规则

抓紧制定和重新部署针对P2P网络行业、移动支付机构、集团金融等互联网金融环境的法律法规。例如，在移动支付方面，首先，移动支付的准入门槛应从源头提高，借鉴国外审查和授权相结合的制度经验，并严格限制记录的数量、规模和许可证情况。其次，要加强对手机现金流的监测，严格执行国际银行发布的《支付业务》《实施细则》和《备付金办法》等规章政策。最后，加快相关立法进程，对贷款增长所有权、风险比例、移动支付外部监控等问题作出明确规定。接受互联网上的开发项目。制定发展互联网金融的主要规则，明确互联网金融活动范围，制定互联网金融准入标准，制定金融创业层面的指导方针和内部标准，实现互联网金融的可靠发展。成立一个致力于互联网金融的行业来了解这个行业本身。

（二）持续完善网络金融监管体系

建立以"一行三会"（中国人民银行、中国证监会、中国保监会、中国银行业监督管理委员会）为主体，以科技咨询、企业联合会、中国银行业监督管理委员会为主体的共同监管体系，对工商行政管理部门和其他分支机构呼吁采取多边行动。逐步在互联网上建立金融市场反应机制，记录数字化的非现场监测，提高监测的持续性和时效性。建立内部监督和审查制度，防止

内部工作人员窃取和出售未经授权的客户信息。完善征信体系，建立专业征信机构，支持征信信息的协调和汇集。帮助建立网络金融国际治理机制，探索跨国家、跨地区、跨维度的互联网金融合作与金融风险管理。

（三）完善互联网金融监管信息技术

第一，在完善银行业网络识别系统的基础上，完善互联网金融识别系统，建立安全可靠的网站识别系统，确保网站的可靠性。

第二，大力发展具有独立思考权的信息技术，提高计算机关键技术水平和信息技术的安全防御能力，防止客户信息被盗、客户资金被盗和网内外恶意攻击。

第三，为确保互联网金融交易的快速发展，应进行安全检测和安全监控，在互联网上开展金融服务时应考虑加入电子识别和签名技术，以确保所有利益相关者信息的可靠性。

第四，完善风险管理体系，对系统的风险管理进行定期评估，在重点业务场所建立独立、可管理的信息安全设备和产品。

第五，开发一个业务检测系统，与反欺诈设备一起工作，线上线下一起合作，以达到共同防控的目的。

（四）建立网络金融宣传体系

首先，要建立一个系统，让金融知识在互联网上普及，并有效地为受训者提供金融知识，让消费者充分了解互联网上的金融知识和风险，从而提高用户的自我保护能力。同时，为了不断完善信息系统，网上金融机构应使用简单、详细、清晰、易懂的语言对自己的商品和服务进行讲解，让消费者更好地认同和理解。

其次，网上金融机构应让用户了解其投资流动的权利和风险，提高消费者维护公平权益的自我保护意识。

最后，在互联网上设立专门的用户金融保障机构，及时协调处理投诉和网上金融服务交易出现的问题，对不法问题进行制裁，保护消费者权益。

三、互联网金融发展趋势及缺陷

(一) 互联网金融发展模式

创新与风险从来都不是独立存在的,而作为重要的跨界金融——互联网金融,相较于传统金融而言,信息技术和网上商品公司的兴起决定了网络金融有别于正常的金融体系、管理和服务模式。主动创新体制、机制,主动创新金融产品,不断利用信息化技术,更为包容和开放地服务于客户是互联网金融发展的使命。

在已有的互联网金融发展模式中,最为核心的六类网络金融模式分别为移动支付、众筹、P2P、大数据、金融门户和电子商务信息金融。

一是移动支付之所以能够成为互联网金融的核心发展模式之一,是因为第三方支付借助了互联网信息技术作为平台,为金融机构和有需求的 B2B、B2C 市场的商户或客户提供了方便、快捷的支付解决方案,通过企业间接吸引消费者,它可以有效地满足不同企业和行业的个性化需求,并由大客户的个人标准来制定支付方式,方便资金流向下游周转,也能让消费者的支付变得更加方便。第三方无论是开发网络业务还是非网络业务都为银行和客户间搭设了畅通的物流,特别是金融消费支付渠道,改革了传统银行网点、门店柜台服务耗时、耗力且效率低下的难题,不仅被银行业接受,也被广大的商户和客户接受,提高了金融业的服务质量和服务水平,也为提供服务的银行提供定制产品的解决方案,人员不断得到锻炼和加强,已成为银行和客户、商户不可或缺的业务能力。

二是互联网金融的 P2P 网贷模式,这是一种点对点信贷。P2P 网络贷款是指个人或法定代表人通过独立的第三方机构进行相互借贷。也就是说,P2P 网络平台起到中介作用,借款人在该机构发放借款标的,投资人向借款人提供贷款。P2P 网络平台只负责识别贷款、数据检查、制定利率和起草法律文件类型。它不仅不能进行贷款交易,也不能将借款人的风险分担给贷款人。无论如何,违约贷款的风险是贷款人承担的。由于 P2P 网络贷款主要是在未知双方之间进行的,在中国整体贷款环境令人担忧的背景下,这种自筹资金的风险将给借款人带来高度的不确定性。P2P 网贷对贷款利息的确定有三种方式，分别为 P2P 网络贷款给出贷款利率指导价格或波动幅度，由贷款人自行决定利率水平，如人人贷、拍拍贷等。还有就是贷款人根据自己的信用水平，决定其借款利率，信用等级高，则利率水平相对较低，反之亦然，如合力贷。最后是贷款利率高低根据出借人投标利率的情况来确定，双方找到一个合理的区间，同时让投标利率最低的出借人获得签订借贷合同的资格。

三是互联网金融行业中的众筹模式。众筹是现代互联网金融发展的重要推手。不了解众筹，就是对互联网金融认识不全面。众筹是强化项目的特点，这些项目遍布互联网和社会服务领域，激活了所有人的力量并汇集了资金，所有人都有能力和渠道为小企业、艺术家或个人履行某些职能或特定任务，为建立企业提供必要的财政援助的融资方式。与银行业的标准融资实践相比，众筹与传统资本之间的差异很大，而且可能的投资数量也很少。融资门槛较低且不再以大银行作为参照物以及作为唯一的商业银行判断标准。从此，融资渠道不再仅限于商业银行，越来越多的大公司、协会等开始把目光放在众筹，力图通过互联网金融众筹的方式探索这一大众化的融资模式如何帮助其进行市场调研和市场推广，使金融创新产品尽快融入市场以及如何迅速提高其自身的知名度。这些机构使用众筹的好处不仅是通过集团金融行业吸引额外的资金，而且可以将公司最初做出的决策置于公共决策环境中进行思考。由于社会上流行的多种金融及其在连接小型和微型企业方面不可或缺的作用，许多金融机构和类似机构，包括国际银行和美国开发银行，都在努力通过众筹资助支持联网，支持经济发展新方案，以解决就业，维护社会稳定。

四是大数据金融。它是指依靠大量的、未经授权的数据，通过互联网、云计算机和其他信息方法，对其数据进行专业的研究和分析，并与传统金融服务相结合，开发与金融业相关的新工作。因此，大数据有在海量信息中获取有价值信息的能力。它的战略意义不仅是掌握庞大的数据，而且注重于对数据专业化的处理，通过加工实现数据的增值。大数据是未来金融向现代金融发展的重要组成部分，应当引起高度重视。大数据在两个方面表现出重要的价值：一是促进信息消费，信息在今天已不只是一种媒介，只起单纯信息传输的作用。相反，信息具有经济价值、商业价值、资源属性、资产属性和资本属性。不仅对现代生产具有划时代意义，对消费同样具有划时代意义。它的直接作用就是有效促进经济转型升级，不断改革和完善消费领域和生产领域的"供给侧"结构改革，使消费的多样化倒逼生产的多样性，从而使经济更为健康和有活力地持续发展。其次是关注社会民生，带动社会管理创新。

习近平总书记强调，科技创新是提高社会生产力和国内综合实力的政策支持，必须摆在国家发展全局的核心位置，并且提出了五个方面的任务：一是着力推动科技创新与经济社会发展紧密结合；二是着力增强自主创新；三是完善人才发展机制；四是着力营造良好政策环境；五是着力扩大科技开放合作。大数据的应用深刻影响了金融行业，金融的本质为"资金融通"，简单来说，是金融市场上资金由货币盈余方向货币赤字方的转移。这其中涉及三个方面：货币盈余方、货币赤字方以及所使用的资金融通的方式。大规模风险投资是以海量数据为基础，通过互联网、云计算等信息手段对其数据进行专业的研究和分析，并结合传统金融服务开拓金融交易的新工作。对资金融通的三个方面进行不断创新，增加资金融通的方式和办法，扩大金融业的外延，不断增加金融的维度，从而更好地实现大数据对互联网金融有效创新金融产品，增加金融服务能力，提高现代金融业服务水平。

五是信息化金融机构。对于传统金融行业而言，它是一个全新的概念，但对于互联网金融而言，它耳熟能详。什么是信息化金融机构？在网络金融时代，随着互联网信息技术的广泛应用，重建或改革金融中介机构通常的招聘、金融资源和金融服务。金融信息化是金融行业发展的必然趋势，而信息化金融机构则是金融创新的产物。当前，我国金融业正处于由金融机构信息化向信息化金融机构转变的重要阶段。谁先认识到这一点，并主动而为，谁就会占有主动的金融全信息机构、市场和产品，全信息的盈利模式。金融信息化会不断促进和完善金融服务，使其更加高效便捷，国际金融机构记录了基于互联网技术的更高水平的信息媒体，提高了金融服务水平，创新了更为高效的金融产品和透明的体验式金融服务模式。同时，由于金融机构所管理的资产相对特殊，基于财务的信息汇集能力更强，一般是负债性业务所得，故具有高风险特征。金融机构目前的交易内容非常复杂，信息化的编制能够整合金融机构的业务。

六是互联网金融门户。在信息金融业的建设中有必要了解什么是互联网金融门户。互联网金融网络是指利用互联网提供金融商品和金融服务信息，收集、搜索、比较金融产品，为金融经营者提供第三方服务的网站。互联网金融服务措施被转换成第三方信息平台、垂直搜索平台、在线金融超市三大类。第三方信息平台是向客户提供有关金融部门和行业数据的全面和公开信息的网站，比较有代表性的是网贷之家。所谓的垂直搜索平台是指与金融产品相关的垂直搜索门户，是针对某一特定行业的专业化搜索，将某类专业的信息提取、整合以及处理后反馈给客户，让有需求的客户在该类门户上可以快速地搜索到相关的金融产品信息。互联网垂直搜索平台通过提供信息的双向选择，从而有效降低信息不对称程度，典型的包括有融360、好大网、安贷网等。网上金融市场收集了许多商品，提供在线购买或匹配，同时提供与之相关的第三方金融服务。

互联网金融的发展是对传统金融行业的改革和重构，是信息技术与金融业融合的新兴产业。所有创新得益于信息技术的有力支撑，其创新成果会不断惠及最广大的老百姓，让其享受物流、金融便捷的科技服务。除了有利于我国金融行业自身变革，不断增强服务能力和水平之外，也会更好地为中国金融业国际化服务提供科技支持，有助于推进我国金融业由金融大国迈向金融强国。

(二) 网络金融风险

互联网金融与传统金融一样，涉及如何利用现代信息技术防范风险、保证金融业信息安全的问题。

互联网金融的服务仍然是为商家、客户提供现代金融服务，也就是说从宏观上是为国家经济服务，从微观上是为老百姓服务。为人民服务与对千万户商户和客户服务是一致的。有效防控互联网金融业的风险，有效保护商户或客户的交易安全，结算、支付安全，有效保证金融安全关乎国家利益、群众利益。

那么互联网金融有哪些风险？又如何防控呢？在互联网金融背景下，金融风险发生了一系列深刻的变化，表现出不同的特征。除传统金融风险外，还产生了诸多与互联网信息技术相联系的内部网络安全以及操作上的风险。金融风险与网络风险的来源较之于传统金融行业扩大了，结构具有交叉性、复杂性，发生风险的周期、宽度、广度以及程度都较之传统金融业有过之而无不及。因为对于信息化金融机构来说，考虑到其处于信息技术迅速革新，互联网金融企业咄咄逼人，而金融机构自身金融创新层出不穷的时代背景下，针对信息化金融业及其机构的特点，其呈现风险和防控风险的手段较之传统金融行业应该有所不同。

一是信息化金融行业机构风险。随着信息化金融业建设进程的不断加快和加深，信息化金融行业机构金融服务由传统的网点、门店转移到信息网络金融业机构风险外延，其金融业的安全性、网络信息内部的安全性都面临着挑战。金融业为不断改革服务模式，创新商户或客户以及金融服务手段，引入第三方服务机构的发展趋势日益凸显，彼此在依托互联网信息技术的合作过程中对互联网金融的不可管理性、不可控制性，以及第三方交易关联性的风险有可能发展，不会永远不殃及有合作关系的另一金融业。即是说互联网金融业信息化环境中，金融业第三方互联网信息平台的商户、客户交易及其共享信息资源的第三方或其与第三方有紧密业务合作联系的企业发生风险都有可能危及金融业机构。因为金融数据的处理越来越集中，导致其技术风险也相对集中。对金融机构运行的安全提出了更高的要求，信息技术本身处在一个快速更新和发展的过程中。这会对金融机构、第三方以及商户或客户带来更多形式的安全威胁手段与途径。这就要求信息化金融业机构不断采取新型的、更高防护的安全措施。

二是互联网金融的系统性风险。系统性风险是指一个事件连串的机构和市场构成的系统中引起一系列连续损失的可能性。当系统性风险发生时，危害和传染是最典型的行为特点。另一个特点是风险和增长之间的不确定性。与个别风险的管理相比较，对系统性风险的有效监管显得更加艰难、更加复杂，需要监管理念、监管方式的根本性转变。互联网金融业机构，通过信息化建设，金融机构可以通过信息技术化解一部分风险，譬如因为人工操作失误带来的风险。然而系统性风险却难以通过技术解决。互联网信息中心经常面临着机构内部资源的大量汇集和整合。当系统性风险发生时，由于风险所具有的传染性，导致破坏机制变得更加强大，所以需要信息化金融机构特别重视。

三是法律性风险。由于互联网金融机构的发展较快，特别是构成互联网金融核心模式的第三方平台支付、P2P金融平台、大数据金融、众筹、网络金融交易平台、信息化互联网金融机制的建设与发展都先于已成文的法制而创新，也即是说互联网金融发展中有很多经营、管理以及监管模式尚处于法律、法规的空白或灰色地带。法制的滞后，相关法律、法规的不健全导致互联网金融业具有潜在的法律风险。由于法律有其滞后性，加上金融信息化的快速发展，使得经济创新的步伐远远快于互联网金融体系建设的步伐。而对互联网金融业的有效监管又必须依法进行，否则，监管无法，执行无法，监管就成为一种自欺欺人的口头游戏。所以互联网金融变化所面临的法律风险非常严峻。在许多的新业务领域内，法律和规则基本上是没有的，这导致在线金融服务的不确定性越来越大。比如，我国互联网金融业务中就缺乏关于客户信息披露和隐私保护的相关法律、法规。在互联网金融信息化过程中，金融消费者合法权益因不能披露有关客户信息而变相损害了金融消费者权益。通过互联网提供金融业务，黑客可能通过虚假网站欺骗客户，互联网金融机构可能会承担相应的损失。为不断增强客户服务，互联网金融机构网页通常会链接到其他网站，可能会使互联网金融机构面临连带法律责任风险；银行在提供电子认证服务时，如果没有在合同中明确双方的权利义务，那么一旦出现损失，银行须对使用其证书的客户负责。当客户出现操作失误，所造成的损失应如何划分，通常客户不对非己方疏忽而导致的问题负责。互联网金融信息化业务中必然会涉及电子货币，目前我国还没有这方面相应的监管法规。电子化虚拟化的金融业务模糊国家之间的自然疆界，其业务随着互联网金融延伸可能触及世界任何一个角落，这对于传统金融业以国家自然期界为据的法律法规是一种巨大的挑战，关于跨境网络上金融服务的交易管辖权以及法律适用性问题随着互联网金融的更深层次的国际跨境交易迟早会有争执。

四是操作风险。互联网金融机构操作风险具有不同于信用风险和市场风险的显著特征，是其基础性风险。巴塞尔行政和预算问题委员会对操作风险的定义是：操作风险是指由于内部不确定性、人员、机械或外部因素造成的损害而导致直接损害的风险。根据新巴塞尔资本协议，从人员、机械、工艺和外部因素等方面将经营问题分为四大危险因素。它可以分为七种表现形式：内部欺诈、外部欺诈、员工欺诈或工作场所安全、客户产品和商业行为、人身损害、业务中断和机械失灵、交付和过程管理。具体而言，对于互联网信息化金融机构，最突出的操作风险要数信息技术操作风险当前，我国互联网金融机构的业务开展高度依赖于信息技术的应用，信息技术风险已成为金融机构及其信息网络平台操作风险的重要方面。我国许多金融机构已完成信息化建设，但对潜在信息化技术风险的认识尚未达到足够的高度。互联网金融业时代的信息技术的安全不再是传统的防病毒、防火墙、入侵检测，系统化进行全面的信息安全防护建设已迫在眉睫。在我国互联网金融业机构信息化建设中，大多数高端软件、硬件、设备都不同程度依赖进口，核心软件非国产使我国金融机构信息安全存在不可忽视的隐患，同时金融业在科技成本控制上也在一定程度上受制于人。除了核心系统非国产，国内金融机构的信息化往往过度依赖外包服务，忽略业务的自主性和连续性，长远来看，同样对信息化金融业机构产生不利的影响。随着互联网金融业机构对信息技术应用的进一步加深，互联网金融业机构对数据的依赖程度毫无疑问亦将加深。数据的完整性、准确性、系统性、安全性已经成为互联网金融发展的重要因素，因灾害导致的系统停顿将会让运营付出不可估量的代价，灾备预案设置、数据备份、灾备中心及灾备救急渠道的建立和完善是我国未来网络金融健康持续发展的关键。

　　五是信用风险。网络金融所面临的信用风险与传统金融机构是一样的，都可能面临借款人不能按期还款或不能还款的违约风险。常见的 P2P 网贷，已不是单纯作为 P2P 网络平台，信用风险与传统金融机构一样是第一的风险。在互联网金融模式中对于审查债权人的信用资源，更可能多的通过网上，通过信用信息监督和分析债权人的信用评分。有必要对借款人现金流、资产损益、资产负债等情况进行线下延伸审核，确保借款风险能全面覆盖。对于互联网金融更多的是无抵押和无质押贷款，比如阿里小贷，很多贷款就是针对许多无抵押或质押的信用贷款。这种风险所面临的就是商家的信用风险。

　　六是技术性风险。互联网金融中的技术性风险是计算机、工作系统或计算机软件中最常见的缺陷。如果互联网软件没有防火墙或保护，就更容易受到病毒或其他恐怖组织的攻击，增加风险。计算机对自然灾害和人为因素的破坏也很敏感，软件和数据对计算机病毒和复制也很敏感，包括对非目标用户的破坏。互联网金融的风险还存在于非授权访问，主要涉及计算机黑客攻击和病毒程序对网络银行的攻击。

七是市场风险。市场风险是指由于市场价格的不利变化，包括增长、汇率、股票和商品价格等，与金融企业交易有关的风险，市场风险可分为利率风险、货币风险、股权风险和商品风险。市场风险与金融市场本身的发展有关。市场越发达，市场风险越小。当市场风险较大时，不仅会给投资者带来重大损失和损害，还会对整个金融市场产生严重的影响。

八是国别风险。对于互联网金融的国别风险，我国早在2010年，中国银行业监督管理委员会就为国家风险定义了《银行业金融企业国别风险管理指引》：国别风险是一个国家由于经济、政治和社会风险的变化，引发一个国家或者地区的贷款或者债务人无法偿还或者拒绝偿还银行金融业务的债务的事件，或使银行的金融业务在该国或地区的业务遭受损失，或使该银行的金融机构受到别的风险损失。国别风险有别于一般的境外风险，从银监会下的定义来看，国别风险不再是单纯的境外商业贸易风险，而是与该国不同程度的经济、政治、外交事件有联系。国别风险的损失大，且极其复杂。既有可能来自国家主权债务违约，又有该国经济环境的影响或其他自然灾害。

（三）互联网金融发展趋势

互联网仍然是一种先进的技术和手段，其核心仍然是金融。即互联网至今尚未改变金融货币的本质属性，没有改变货币作为特殊媒介在商品交换中的作用，同时凝结在商品中价值以及人力资源和科学技术进步的价值以货币的形态反映，据此支付、交易、结算的过程永远会沿着高效、便捷、舒适的方向发展。而计算机和信息技术不便深耕传统金融，建设信息金融业机构，采用更加科学先进的技术手段来不断满足人们对交易、结算方便快捷的期盼，满足对金融消费的多样化和个性化需要。第三方独立支付运营机构与各个银行签署了一项协议，在用户和银行支付之间建立一种新的电子支付模式。

从未来的发展趋势判断，移动支付是非金融机构作为支付代理，它提供网络支付、预付卡、银行卡和中国人民银行确定的其他支付服务，并且是金融机构服务的提供者。在商业上，移动支付不再局限于原来的网络服务，而是成为一种覆盖互联网内外、应用条件更加丰富的综合性支付服务。

移动支付作为银行与客户结算的网络平台它不包括资金的所有权，而只是充当中介作用。最初，它被用来解决网银与不同银行卡的连接以及由于业务异常造成的信用卡短缺问题。通过提供在线和非在线支付渠道，它将完成从消费者到零售商和金融机构的资金清理和要求统计的过程。移动支付方式借助互联网信息技术的发展，已潜移默化地改变了金融行业传统的网店供给和产业推销模式。

移动支付促进人们对金融在现代信息技术条件下的认识以及分享信息技术的成熟，更为快捷、方便和精准地接受新的金融业提供的服务，享受并接受信息金融技术服务的人们已在不知不觉中成为移动支付公司的资源客户。当其消费完成购物，在电子设备网站上下单时，支付页面就会蹦到前台，以供消费者自行进行相应的支付操作，这一点既是权利，也是义务；更是对互联网与金融深度融合模式的肯定，是一种新的金融消费和金融产品创新的开始。对于网上支付、结算、转账，以及P2P、大数据、众筹等金融创新的发展趋势是不可逆转的。

一是，现在为商业银行从事渠道创新、服务模式创新、产品创新的平台发展到一定程度，随着中国金融经济更加国际化、信息化和现代化，这些借助互联网为金融服务平台提供服务的平台会成为互联网金融业机构命运的共同体，即成为互联网金融机构极其重要的组成部分。它们在中国传统金融业机构走向互联网金融机构，进而完成信息化、现代化发展的征途中是与之共同发展的重要支撑力量。在互联网金融业机构现代化发展中能与互联网金融机构共同走到底的服务平台其自身已转型成为金融信息机构和人才资源聚集的平台，是互联网金融机构的中坚力量。

二是，从互联网金融发端到发展，移动支付平台、P2P网贷平台、大数据金融、各种模式的众筹在业务发展中与金融机构在信息业务领域很难说谁为谁提供了服务，因为互联网金融机构的商户、客户客观上也是其服务平台的商户和客户，在长期的对商户、客户的服务中，形成了共同的潜在资源。即众多的商户、客户拥有金融机构的金融消费需求，而服务平台为其提供了快捷、方便的服务手段，这种服务相对于商户、客户而言，从表面现象上看属于金融机构，但作为信息技术的本质它属于平台。因此，金融机构为其提供的金融信息服务、产品创新服务快捷方便、高效准确，同时是通过快捷的信息渠道完成。这些都是互联网金融机构与平台共同努力的结果，共同向社会提供了不竭的金融资源。

三是，在服务的长期过程中，互联网金融机构和第三方提供技术支持的平台对商户、客户信息数据都形成了共有的数据库，特别是 P2P 网贷平台。这些数据信息的价值是巨大的，它不仅仅是潜在客户对互联网金融的消费需求，也是互联网金融机构与平台共同的市场需求和盈利力量。由于对这些商户、客户建立的数据模型，通过梳理、处理和分析，会自动评定信用，以便确定优质资源、一般性资源和次级资源。对于优质资源，银行和平台都会纳入重点，进行满足个性化服务的定制方案，使其留在该金融机构和平台。客户的价值、数据的价值、信息的价值、服务模式创新的价值都远远胜过了商业银行网点、门店的价值。平台作为主要的网络交易手段和信用中介，最重要的功能是在商家、消费者和银行间建立起连接，实现了第三方监督和技术保障的作用。2010 年，中国人民银行提出了《非金融企业支付目标管理办法》，决定移动支付公司应通过申请审查和颁发许可证，正式纳入国家监督体系。从 2011 年 9 月起，不是金融机构的、未获得移动支付牌照的机构将被禁止继续提供支付服务。这就表明平台已是互联网金融机构的重要组成部分。此后，金融行业经历了从量的变化到质的变化的突破，逐渐成为互联网金融代理发展的重要形式。对于移动支付平台而言，支付手续费是其基本收入，不过相比而言，移动支付工具积累的大量用户信息更具社会价值和商业价值。如何正确利用好移动支付平台的用户信息，为银行，特别是依托移动支付平台客户依法创造更多的财富，不仅仅是银行应当考虑的问题。作为移动支付平台的信息技术工程技术人员，数据采集、处理分析都须考虑。因为这些客户的信息特别是极其稳定客户的信息是推进中国银行业深化改革的客观力量和优质资源，这些客户已经享受到互联网信息技术的方便、快捷、舒适和安全。

在银行业由单质业务经营转向混业经营的过程中，应当对长期诚实守信，业绩良好，即信用良好的客户提供更多的金融资源，混业经营的金融业需要更为专业和稳定健康持续成长的客户。

四是，互联网金融业中，不可或缺的P2P网络贷款，即点对点信贷，国内又称"人人贷"。P2P这种网络金融贷款模式实际上是债权人与债务人之间形成由银行等传统资金来源构成，可以清楚地了解借款人的信息和资金流向。在P2P贷款模块中，P2P网络贷款设施作为借款人和贷款人之间的服务公司运作，通过组织多个借款人共享贷款来分散风险，同时也可以帮助借款人获得更优惠的贷款。

P2P网贷在中国发生了一些变化，这些变化最初主要是围绕增信而展开的，这种本土化的P2P网贷模式在此可以称为中国化的P2P网贷平台。P2P网络贷款作为一种新型的金融资产，提高了借款人和贷款人的办事效率，解决了一些个人和小微企业中存在的投资问题，对中国金融体系转型有一定的支撑作用，对于促进我国民间金融的阳光化、规范化发展有重要意义。它的意义与价值在于开辟了传统金融机构转型互联网金融机构的产品模式，是互联网金融业机构发展趋势的选择，对传统的金融监管方式与风险控制方式提出了相应挑战。

五是，互联网金融机构主要依据信息促进金融消费，通过促进信息消费，加快经济转型升级，信息不再只是一种新闻或平台媒体，信息是现代产业资源，好的信息具有资源属性、资产属性、资本属性，即具有需求和市场消费价值。信息的另一功能就是关注社会民生，带动社会管理创新。信息的价值不仅仅在金融消费，对民生事业的战略谋划和微观创新，对社会更为人性和利用信息网络技术资源进行社会管理创新具有重大意义。可以大大节约社会管理成本，提升管理绩效，更好地服务于人民群众，更好地服务于社会。

六是，大数据金融是互联网金融业机构的发展选择，在需求与消费形成的海量数据通过互联网信息技术自动采集、处理、分析后，自动评级，通过对信用的规范化集成和自动授信后而给予的贷款。大数据在海量数据中，能够获得有价值的信息。当然，大数据是一个不断演变的概念，迄今为止，IT技术的发展和数据的积累使得大数据从原来互联网企业管理人员中的专业术语演变成一股社会浪潮，影响了人类社会生活的方方面面。笔者认为，对于未来大数据的发展，建立数据交换设施，在法律法规允许的情况下，可以在协调的基础上寻找、汇集和交易数据。这不仅是公司在主营业务以外的增值，也是数据的增值。

七是，众筹的参与者作为互联网金融体系的革命性力量，众筹乃至整个互联网金融将会逐渐动摇甚至颠覆传统金融业的生存地位。虽然真实日益增长的财权与传统财权在竞争与合作中最终发展起来的依赖性和合作性更强，但是它们最终非常有可能会变成竞合关系。互联网上的金融状况将给贷款市场和证券市场提供一些商机，也将促使竞争形势发生重大变化。移动支付取代了以往的支付服务。金融机构通过互联网为投资项目筹集资金，取代了标准的证券往来。新兴金融力量目前尚未在业绩上面对传统金融机构形成实质性冲击，更多的还是技术、模式和思想层面的冲击。把目光聚集国内，众筹模式由于种种原因目前仍难以发展壮大，更多的只是用于创意类、艺术类项目的小型筹资，较难向一般项目推广。

虽然不断有人预测众筹模式将会成为企业融资的另一种渠道，对于国内 IPO 闸门紧闭、企业上市融资之路愈走愈难的现状会提供另一种解决方案，但目前国内对公开募集的规定使得众筹的股权制在国内尚不适用，因此在政策改变、立法保护形成之前，众筹模式在国内难以做大做强，对金融业和企业融资的影响也会非常有限。互联网金融行业发展模式以及发展趋势，在很大程度上就是向无纸化的电子货币发展，这似乎是一个必然的结果。

（四）互联网金融和虚拟经济的缺陷

互联网金融发展至今已走过了不平凡的二十几年，可谓风雨兼程。因为互联网金融业相对于传统的金融行业而言，由于其借助了信息技术深刻植入金融业，一定程度上改变了金融行业的经营业态、管理模式。特别针对移动支付、交易、结算平台的引入改变了传统金融行业依托网点、门店服务的方式，支付宝、余额宝等独立第三方电商平台与金融机构合作后，创新了服务的新业态，即交易、结算、转账都可以通过互联网信息技术平台完成，使商户、客户的交易、结算大大节约了时间，节省了精力。

互联网金融业发展有其积极的意义，其发展促进了金融业管理创新、经营模式创新，促进了金融产品创新、金融结构创新，促进了服务方式创新和服务水平不断增长，有效适应和满足了现代经济发展，满足了人们对更为快速、便捷、准确交易、结算的需要，一定程度上促进和改革了人们对金融消费信息化、服务电子化的新思维，进而影响和优化了人们对金融消费的新需求、新理念。然而，就互联网金融的纵深发展而言，特别是有可能出现的电子货币不仅有脱离货币媒介的危险，同时有其发展中的虚拟缺陷，对以信用为基础的整个金融业体系具有较大的冲击，甚至破坏现有金融体系的安全和稳定。

首先，互联网金融业机构信息化的技术融入货币，其初衷并不是为了改变货币作为特殊商品在市场交易中的价值职能、流通职能、储备职能。

那么，信息技术只是作为一种手段，更为便捷、快速，反映了货币价格的数据体现，并没有脱离货币作为商品交换中特殊媒介这一属性。不仅交易是真实的、金融的服务是有效的，货币媒介的价格职能也是真实的。互联网作为技术支持平台实现了金融货币交易、结算、转账等服务的信息化。

其次，互联网金融业机构与移动支付平台共同构成商户、客户服务，在服务过程中依靠信息化形成大量商户、客户资料数据，其资料、数据建立和完善用户信息数据库或商户、客户信息数据中心。在对这些数据进行采集、处理后是互联网金融业机构与电商平台或银行信息服务平台共同的资源，并且是很有价值的资源。因为这些交易和金融消费信息能真实、有效反映其水平和能力。对于通过数据信息自动进行匹配、按设定的程序自动评定的信用等级对于商户、客户而言是一种有价值的资产，这种资产的信息或数据不是虚拟的。如果作为信用申请银行金融机构贷款，或向商户、客户同行或异业之间拆借资金是一种具有还款能力或诚信的信用保证之一。其保证行为未经履行相应的信用保持手续和程序，是虚拟的。如果把其信息数据直接作为媒介使用或消费是虚拟的，有其严重缺陷。

再者，互联网金融业机构发展的终极目标不是为了维护金融货币体系的稳定性，而是各商业银行或大的金融财团、非金融机构都能发行电子货币，电子货币的币值以货币作为保证制度。之所以有其缺陷，是因为当今的世界金融货币体系不再是以黄金硬通货币为单位进行发放,而是一种具有主权国家或地区间的信用支付制度。维护金融业信用体系的稳定是世界各国和地区间共同的任务和责任,并非某一国或一个地区的任务。货币信用的地区属性,特别是国际货币基金组织维护金融货币体系安全这一人类责任和历史责任。

最后,互联网金融业及其机构实现其交易、流通、结算的快速、准确和更为便捷无可厚非。对于互联网金融发展中无论是独立的还是非独立的移动支付平台、P2P 网贷、人人贷、拍拍贷,大数据金融以及各种模式的众筹均应加强监管,防止网络系统风险。鼓励支持金融业机构及其服务平台进行金融产品创新、金融业机构经营管理模式创新、服务方式创新,但又必须防止互联网金融机构及其移动支付平台去金融货币的媒介职能风险,即不能损害现有体系的安全稳定的信用体系,使金融体系和货币职能虚拟化。

因此,互联网金融业的发展就其本质而言,是金融货币信息化发展的科技革命性选择。不断改革和创新信息化条件下金融业机制更为现代化的管理、经营金融模式创新、金融产品创新。不断优化金融消费环境,提升服务水平和服务质量,更好地服务于国内、国际双向市场对现代金融业服务的需求。不断改进和完善监管体制、机制和法制建设,切实有效维护金融体系安全,防止系统性风险以及借口互联网金融创新冲击金融体系的稳定性。

四、我国现有互联网金融监管的原则和指导意见分析

近年来,互联网技术和信息通信技术促进了网络和金融一体化进程的加快,推进了金融创新,提高了金融配置效率。但也存在一些安全问题和风险隐患。为了全面贯彻落实党的十八大和十八届二中、三中、四中全会的精神,根据党中央和国务委员会主要组成部分的决定和分配,遵循以金融业总体健康发展为基础的"鼓励创新、防范风险、趋利避害、健康发展"的基本要求,从金融行业的长远发展出发,进一步支持网上金融企业的金融转移和新的健康发展,现提出以下意见:

（一）鼓励创新，支持互联网金融稳定发展

网上金融是传统金融机构和网络公司（以下简称从业机构）的一种新的金融商业模式，利用互联网技术和信息交换技术，实现金融的沟通、支付、投资和信息交流。互联网与金融深度融合是大发展，将对金融、商业、组织和服务产生更深层次的影响。互联网投资在支持小微企业发展、增加就业等方面发挥了积极作用，这些都是当前金融机构不可或缺的，为多产和创新打开了大门。支持互联网金融健康发展，包括提高金融服务质量和效率，深化金融转型，支持创新和金融发展，壮大全球经济，构建多阶段金融体系。互联网金融作为一种新兴的金融元素，不仅需要市场驱动、激励创新，更需要政策来支持发展。

（二）鼓励新建网上金融网络、商品和服务，刺激市场生活

推动银行、代金券、保险、财富、信托、用户金融等金融机构发展依托互联网技术，了解传统金融公司和服务的演变和发展，进一步开发依靠互联网技术发展的新产品和服务。支持金融机构建立新的互联网平台的能力，以支持网络银行、网络借贷机构、在线保险、在线基金和在线消费金融等业务的发展。支持互联网公司接入互联网服务、在线借贷，众筹融资公司依据自有资金和网上销售金融产品的法律法规，开发多阶段、服务现实的金融服务体系，更好地满足中小微企业和个人的投资和资金需求，以进一步增加资金的广度和深度，而不会出现任何问题。鼓励网上企业建设和完善符合金融法律法规的网上金融服务体系，增加电子商务网络的活跃度。鼓励工商业有效实施新产品、新服务、新技术、新治理，增强核心竞争力。

（三）促进行业合作，实现额外成本

支持各类金融机构与互联网公司合作，创造可靠、可持续的环境和产业网络。鼓励金融机构创新业务，提供预警公司、移动支付设施维修、网上信用卡等配套服务。支持中小金融服务机构发展与互联网公司的营商环境，发展新的商业模式。支持证券、存款、邮政、消费金融和未来机构与互联网公司合作，拓宽金融销售渠道，创造新的治理渠道。鼓励保险公司与互联网公

司合作，提高互联网金融企业的风险承受能力。

（四）改变机构融资渠道，改善资金需求

支持社会资金在金融机构互联网上设立投资基金，促进投资者与风险基金和行业投资基金的密切合作。使商业机构能够在中央政府和创业板等内部金融市场注册和筹集资金。鼓励银行业机构按照一批支持小微企业发展的金融机构对创业机构给予支持。基于互联网公司的特点，推出金融产品和服务。

（五）坚持简政放权，提供优质服务

各金融机构要积极支持金融机构开展互联网金融服务。根据法律法规，通过互联网公司有效管理适当的金融服务。工商管理部门要支持互联网企业依法进行工商管理和工商登记管理，依法进行电信部门和内部信息管理，支持互联网上有效的金融服务。参与互联网金融交易的电信业务，由电信法制部门负责。国家信息总局应负责监测金融信息服务和互联网信息。积极开展网上金融政策研究，提出适当的治理安排，为支持网上金融发展打下良好基础。在工作场所保护隐私、商标和其他知识产权。鼓励区政府对网上金融增加对决策的支持。支持设立专门的互联网金融机构，鼓励建设互联网金融信息交流网站，积极参与网上金融研究。

（六）出台和完善公共财政和税收方面的适当政策

按照纳税责任原则，对符合现行中小企业特别是小微企业纳税条件的小企业，可以按照规定采取优惠办法。相对于贸易商商业税和增值税负担的转变，有关部门将协调和完善互联网金融的税收内容。基于新技术以及对产品和开发成本的新研究，制定新的税收策略。

（七）支持发展互动借贷和发展互联网金融配套系统

支持大数据存储、联网、数据安全维护等技术领域的投入建设。推动营业部依法到地共享贷款信息，支持相关营业网点接入金融贷款数据库。允许符合条件的申请人申请合法贷款调查。支持信贷机构在互联网上进行信用评估的能力，增强市场信息的可用性。推动会计、审计、法律、咨询等中介服务的发展，为互联网公司提供相应的专业服务。

五、要强调分类指导，明确互联网金融监管责任

网络金融仍然是一种资金来源，它没有改变金融风险的隐秘性、传染性、广泛性和突发性。加强对网络金融的监控是支持网络金融公司健康发展的综合要求。通过鼓励创新、监督互助，支持互联网金融健康发展，更好地服务于现实世界。互联网金融的监管应遵循"依法监管、适度监管、分类监管、连贯监管、创新监管"的原则，科学合理地制定各利益相关者的准入条件，履行监管义务，明确底线风险，并在监管中引入监管义务保护合法活动，坚决不触犯法律法规。

（一）互联网支付

互联网支付，这项服务是通过电脑、手机和其他基于互联网的设备发起支付指令和转账。网络支付应始终遵循自身的需求，为电子商务的发展服务，为社会提供一种小、快、舒适的小微服务。金融机构和移动支付机构应遵守适用法律，参与在线支付时的规则和要求。当风险隔离机制与其他机构合作时，应明确各方的权利和义务，以风险为基础，保护客户，向客户充分披露服务的内容，以及应确定业务风险状况，不能夸大服务中介的职能。

（二）网络借贷

网络贷款与个人在线贷款（即 P2P 网络贷款）和互联网上的小额贷款非常接近。个人网上借贷是指个人与个人之间通过互联网平台进行的直接借贷。假设个人网上借贷发生，它属于私营部门，受合同法、一般民法规则和最高法院相关裁决等法律法规的管辖。个人网上借贷必须遵循平台的功能，为投资者和融资者提供信息、协调和借贷等中介服务。个别网上信贷机构必须说明信息中介机构的性质，主要向借款人和融资人提供直接贷款信息服务，不得提供增信服务，不得非法集资。互联网小额信贷是指互联网公司通过其经

营的小额信贷业务，向网络用户提供的小额信贷。网上小额风险应遵循目前对信贷业务的要求，提供全面的网上贷款选择，并设法降低客户的融资成本。网上借贷受中国银监会监管。

（三）股权众筹融资

股权众筹融资，这些活动的主要目的是通过互联网公开提供小额股份。股权融资必须通过金融融资中介机构平台（互联网网站或其他类似的电子媒介）进行。股权众筹融资中介机构可以根据法律规定，对业务模式进行创新探索，发挥股权众筹融资作为多层次资本市场有机组成部分的作用，更好地为创新创业企业服务。金融中介应该是一个小型和微型企业，并且应该使用真正的商业模式、直接管理、财务和企业的财务报表和其他重要信息通过中介机构提供，不得弄虚作假。投资人应充分认识多元投资的风险，具有相应的风险承受能力，进行小规模投资。股权众筹融资受证监会的监管。

可以在符合法律法规规定前提下，

（四）互联网基金销售

基金销售平台和其他基金销售机构以及通过互联网的其他资源管理者必须遵守其风险信息义务，不得将客户吸引到非法收益承诺上；管理层应采取有效措施防止支付日错配和资产流动风险；由于基金销售和合作机构为投资人提供了另一种功能，它们至少应真实、准确地描述和记录产品的构成、条件、适合的情形，不应与基金产品的收益相混淆。移动支付机构开展网络销售和支付业务，应当符合人民银行和证监会关于客户储备和基金销售结算的有关监管要求。移动支付机构的客户备付金只能用于客户委托的支付业务，不应用于注入预融资和其他资产管理产品。互联网基金销售由证监会监管。

（五）互联网保险

保险公司在网络开展业务时，应当遵守主要的安全、保密、稳定规则，加强风险管理，完善内部监管制度，保障业务、信息和交易安全。网上专业保险公司应遵循服务互联网经济活动、提供有针对性的保险服务的基本思路。保险企业应当建立电子商务等非保险子公司的管理制度，并设置必要的防火墙。保险经营者通过互联网销售保险产品，不得作出伪造、片面或者咄咄逼人的既往成功陈述、违规陈述、盈亏承诺等误导性陈述。互联网保险由中国保险监督委员会监管。

（六）互联网信托和互联网消费金融

信托企业和消费金融企业从事网上业务必须遵守常规要求，加强风险管理问题，确保业务合法一致，保护客户信息。通过互联网销售商品的信托公司和其他信托公司必须遵守投资能力、识别客户身份和评估客户风险承受能力等监管要求，不得向风险承受能力不符的客户销售商品。信托企业和消费金融企业必须符合和完善商品来源认购制度，确保业务合法、一致、安全。互联网信托业务和互联网用户的业务融资均受中国银行监事会的监管。

六、健全制度，规范互联网金融市场秩序

网络金融的发展必须跟随市场变化而变化，追求服务现实的总目标，服从公共管理，维护金融稳定，真正维护消费者合法权益，维护市场公平竞争。完善治理体系，是为互联网金融健康发展创造良好环境的需要。

（一）互联网行业管理

设立网站经营互联网金融业务的机构和个人，除按规定办理金融业务外，还应当办理网站登记手续，向电信主管部门依法办理，否则不应该在网上进行金融交易。产业顾问和信息技术部负责办理与互联网金融服务有关的电信业务，互联网信息办公室应纳入金融信息服务管理和互联网信息内容管理。这两个部门应在其职责范围内制定适当的规则。

（二）客户资金第三方存管制度

除非另有说明，营业部应选择合适的银行业金融公司作为基金存管机构，管理客户资产，并对客户资产和业务机构自有资金进行具体管理。客户的资

金存储账户应被安排独立审查，审查结果应向客户披露。中国人民银行应针对金融环境，按照业务交流进行监测，并制定适当的监测规则。

（三）信息、风险预警与合格投资体系

从业机构应将其业务活动和财务状况全面告知客户，并及时通知投资者，以便投资者充分了解机构的投资规则以及如何持续经营和管理风险。从业机构应详细解释每个参与者的业务模式、权利和义务，并提供相应的风险预警。有必要研究建立适合互联网金融的投资体系，以提高投资水平。相关部门应负责根据互动情况进行监控。

（四）消费者权益保护

调查和接收消费金融计划，并及时发出维权提示。加强网上金融交易内容、免责条款等涉及消费者利益的信息发布，对经营者侵害消费者权益的违法违规行为进行监测和治理。开发共享过程的多变量解决方案，如在线共享、接收和现场确认、投诉主管部门的受理、第三方调解、诉讼和纠纷解决机制。完善网上金融个人保护的基本规则、标准和流程。严禁虚假广告和强迫销售网络金融商品。中国人民银行、中国银行业监督管理委员会、中国证券业监督委员会、中国保险业监督管理委员会等，结合有关管理改进，保障消费者权益，按照交易情况投资互联网经济。

（五）网络与信息安全

从业机构应当有效提高技术安全性，存储客户通用数据和交易信息，不得从事非法交易或者泄露客户个人信息。中国人民银行、中国银行业监督管理委员会、中国证券业监督委员会、中国保险监督管理委员会、工业和信息化局、公安部和互联网信息机构分别对网络监测和信息安全责任的影响及相应的异议监测规则和安全技术标准进行监管。

（六）反洗钱和防范金融犯罪

从业机构应采取有效措施识别客户，积极监控和报告可疑交易，并保存有关客户和业务档案的一般信息。要求专家制定和完善适当的规则和制度，以协助提出请求。依照有关规定协助社会公众和司法机关的安全机构及时询问和冻结财产，并在收集数据和数据时与公安机关和司法机构合作。全面打击非法集资网上资金流动，预防可能会发生的金融风险，维护正常的金融秩序。金融机构与网络公司合作时，应当按照相关法律法规的规定，签订涉及反洗钱要求和防范金融犯罪的合作和处理协议，确保反洗钱标准和金融犯罪没有因为金融机构的合作和联合而减少。中国人民银行已设法对一半的业务设施履行反洗钱承诺的情况进行监督，并遵守相关的监测规则。打击网上洗钱的斗争是由公众宣传推动的。

（七）加强网络金融业的自我管理

充分发挥企业自律机制在规范企业经营行为、保护企业权益方面的积极作用。中国人民银行与有关部门合作，建立了中国人民银行网上银行系统。组织应根据业务类型建立业务规则和业务标准，促进公司间业务交流和信息共享。组织应明确自律制度，提高业务规则和标准的约束力。增强守法、公正、自治的意识，树立良好的企业文化形象，有利于经济社会发展，为公平发展创造有利环境。

（八）协调监测和数据监测

各部门要共同制定合作安排，充分发挥金融监督协调机构间会议的作用。人民银行、银监会、证监会、保监会要密切关注互联网金融服务的建立和风险，反映监管框架的审核等。及时提出修改建议，并高度重视。财政部负责互联网金融机构的金融监管政策，中国人民银行和有关部门负责互联网金融信息系统和监测系统的建立和发展。

七、网络金融监管系统开发研究

互联网的金融体系扩大了传统金融风险的产生和蔓延，使金融体系更加高效，也使金融体系更加复杂。另外，在互联网金融建设下，大规模的电子货币消费是对实物货币的一种挑战,会引发金融竞争,对金融市场的稳定有一定影响。

(一)金融风险交叉扩散能力增强,扩散速度更快、范围更广

根据金融机构传统模式,风险可以按地区限制、经济分工、经济问题或特许经营等因素划分为独立区域,而不是风险的主要原因。然而,由于地域局限性、不同的市场整合、跨文化授权等因素,互联网的经济力量被打破,"物理"隔离的效果变弱。不同经济体甚至不同国家面临的风险是互相关联的,回旋空间变小,风险传递风险加大。

(二)金融危机爆发的突然性加大

在互联网金融模式下,所有金融业务和服务都在网上进行。业务的不确定性和不公平的业务极易产生不确定性信息,使监管人员难以准确了解金融机构的资产状况和负债情况。在此基础上,应进行早期风险预警。此外,一些较大的投资集团利用国际金融交易网络可以进行一些国际性的投资和投机活动,以实现利润最大化,部分集团因为避免了各个国家金融当局的监督,而增加了金融危机爆发的可能性。

(三)中央银行更难获得稳定的资金

所有媒体的经济活动和电子货币信息的集中都在互联网上发布。电子货币的流通和发行,以及全球范围内电子货币的入侵,使得银行管理货币数量和监控货币总量变得更加困难。一是网上传播的电子货币信息,其所指的金钱数额远远超过其实际拥有的金钱数额。实际需要的资金供应量正在减少。二是新的金融服务、商品交易和业务流程,如 B2B 和 B2C 的执行和支付机制,都直接或间接地加快了流通速度。三是一些机构发布和推出特殊电子产品(如 QQ 币,可以购买电子产品或交换实物,最初在流通中起到一定货币作用),这不仅抵消了中央银行的货币价值,减少营业额的需求问题,而且由于发行规模越来越大,就更加要求中央银行有足够的现金流。

鉴于以上原因,应采取以下互联网金融监管措施:

1.有效改进互联网金融监管措施

一是运用和完善互联网财务规则和制度，完善财务绩效规则。合理有效的法律法规是网络经济环境的重要基础，但我国金融公司司法制度相对落后。目前，我国只有《网络银行交易管理应急办法》《电子银行管理业务》《网上证券委托暂行管理办法》等少数规则，没有出台正式的网络安全和金融风险监控立法。监管部门没有可以依赖的具体监管措施。

网上金融关于法律方面的因素更为复杂，不仅包括目前的网上银行、网上证券公司、网上保险公司和移动支付机构等金融机构，也包括人人贷等各种金融服务形式。这需要发展多阶段的金融和监管体系。一方面，根据互联网金融发展的整体性，修订和完善金融信息系统，进一步明确监管机构，管理和保护新的金融创新产品；另一方面，加强发展与网络金融有关的基础性立法工作，一般包括互联网技术漏洞、个人安全性防护、信用体系、电子签名确认等。

二是增强监管意识，提升监测的透明度和有效性。在正常的金融服务环境下，金融风险的监管功能已经丧失并难以维持。对网络金融风险监控和重要紧急的预防措施是不够的。因此，监管部门一定要跟上时代的步伐，在监管干预方面打破对金融风险传统认识的局限，在规则上进行干预。充分认识到互联网金融风险监测的重要性和长远性。监管部门应该及时更新监管意识，并从被动监测转向主动监测。同时，监测时机是影响网络财力发展和监测效果的重要因素。只有有了较高的监测意识和准确的监测时间，才能有效地降低监测的管理费用。

三是明确各监测部门的权力和责任，并制定监测站之间的协调程序。互联网金融包括许多因素，如网络业务、移动电话、传统金融交易等。从观察者的角度来看，在线金融涉及相应的网络金融部门（"一行三会"）、网络信息部门（信息社会和新闻办公室新闻）、网络安全部门（公共部门）等，涵盖风险管理委员会的权力和责任。当有顾虑时，各部门难免会互相推卸，这对于风险的化解将会很不利。因此，互联网上的各种金融服务应促进风险资本权利和责任的沟通、交换，并确定各自的责任和权力。同时，调整监管内容和初始预警程序，以适应金融事业发展的需要。在条件成熟的时候，各监察机构可使用定期的交流协调程序，及时交流和解决网上金融出现的新状况、新问题，并以统一的方式组织和发展网络金融。

四是重视综合技能训练，提高全球监测水平。网上金融既有财务风险，也有技术风险。监管者应该具备多种专业技能，他们需要获得更多的财务知识和网络计划。然而，目前这一领域的技能不足仅限于改进监测。因此，应采取有效措施，提高监督员的技术和业务素质，以适应网络化的发展格局。特别是培训制度需要更加完善，现行的监督员培训工作有待加强。可在监管机构进行学习、调查、培训或实际工作等形式，为现任监督人培训当前国际金融知识、律师、网络和外语学习等工作，最大限度地加强现任监事的知识培养。要建立科学的工作激励机制，卓越优秀的财务和互联网知识以及一些工作经验将被选入监测机构。有必要建立一个健康的人才控制诱导系统，以了解最佳的人才合理配置和适当的能力流动。比如，在监管机构的内部建立沟通学习制度，鼓励相关部门的工作人员在部门之间互联互通，充分掌握网络金融模式。要鼓励中小学和大学开设互联网等金融专业，培养足够的人才，专业提升互联网金融水平。

2.改善互联网金融监管环境的政策建议

一是注重对网上金融机构的治理和监管，把他人监测和自我监测结合起来。互联网上的金融机构是互联网金融管理的重要组成部分，其有效的内部监控是运行金融氛围监管的基础和先决条件。一旦金融机构的外部金融视角与金融机构的内部监控不相适应，通常就会事倍功半。因此，金融机构需要增强自身的风险预警和内部管理，建立内部风险管理体系。首先，要遵守适当的标准，防范互联网上的金融风险，使之成为可以遵循的规则。其次，建立内部风险评估中心，开展企业风险评估。再次，加强对员工整体素质的教育培训，提高防范互联网金融风险的意识。最后，定期审查和分析公司的营销和管理层，及时发现风险，并向监事会报告，适当降低风险。

二是把企业自律作用融入企业经营和生活中，并且不断完善自律的方案。当前受到数据质量、维护成本和许可证等因素的限制，法定互联网监控设施的监管存在空白，这就要求行业自律机构在互联网金融机构的专业分析范围内引入监管要求。行业自律是国际金融中常用的一种经济形式。例如，中国香港银行协会、美国金融协会和中国台湾证券投资顾问商业协会都是金融监管自律机构。目前，中国金融业的主要自治机构有中国银行之间的市场协会、中国支付清算协会、中国银行业协会等。这些机构应该进行有效的变革，以适应互联网金融的发展需要。目前的框架可提供给行业监督部门，该部门专门负责互联网上的金融服务。也可以修改协会的章程，参与互联网的金融网络。设立一个渠道供用户反馈意见，用户可以进行举报和建议，使用户获得合法的经济权益。

三是重新建构监控模式，由"外部监管"到"全能监管"。网络的整体性和透明度在很大程度上降低了不同金融服务提供商和所有金融行业行为人员的准入门槛。各类金融机构所提供的服务将继续保持不变，金融交易所的发展调整将继续加强，金融市场的物质整合已成为必然趋势。因此，应改变金融监管结构，即监管机构对银行、证券、投资、保险机构分别进行监管，成为综合监管结构。与现行监管方式相比，后一种监管方式能够实现公司的产品和市场之间的一致性。有助于提高监控效率，减少监控的成本，严格监控整个过程。在事前的监控方面，监管执行机构应保证金融市场的互联网接入符合互联网金融公司系统的类型、数量、标准、指标和分类，以满足国内金融行业发展和市场准入的需要。对于监管方面，可以把非现场监管作为重点，着眼于外部监管体系，将中国的金融监管政策和准则放到网络上。除了提升和完善现场以及非现场监测一体化的风险评估结构外，也设立了中国互联网基金会的风险评估体系，用来作为评判问题机构监管主体的依据。在事后处理危机时，应该完善利用互联网进行金融资源管理的方式，提高危机管理能力。

四是增强监测管理的有效性，为在线金融发展提供工作支持。网络监管系统负责对网络资金的专项管理进行监管，在互联网安全和专业知识方面具有重要作用。

互联网金融的发展需要以下支持：

（1）提供在线金融技术的接入标准。网络技术的引入必须经过测试，并符合相关标准，不符合标准的全部退出市场。

（2）建立现代网上金融技术测试系统。定期测试互联网金融机构的硬件和软件设施，并要求各部门能够及时报告地址的变化、更新软件等技术活动。

（3）加强监管人员对网上理财技术的管理。定期对他们进行技能评估和技术培训，以适应在线财务监控的复杂性。

（4）引进现代信息技术、新的监控技术，设立专门部门，对新公司的发展和部署以及互联网金融设施的软件系统进行研究，为互联网金融的发展提供技术服务、支持和指导。

第七章　中国互联网金融发展前景展望

互联网金融未来的发展是大势所趋，它的出现带来了一种倒逼机制，倒逼传统银行在金融服务的内容与方式等方面进行改革。无论是从政府角度还是从监管角度来看，金融最终一定要为实体经济服务，是进行资源匹配的。

可能有人说互联网金融是草根金融，其实银行在产生之时也是"草根"：银行最早来源于意大利语"bench"，就是号称"坐在板凳上"的行当，现在却是经济的核心。鉴于互联网金融的模式及其特点，加强监管和规范其健康发展一定会对实体经济的发展产生积极的影响。

曾经有段话是这样评价华尔街的：我们说华尔街伟大，是因为华尔街在经营风险。通过资本增加、现代化生产以及抵押、担保、保险、证券化、债券化等各种手段，分散风险，同时能够为风险定价，从效能的反面发现价格。

虽然互联网金融目前还存在着许多问题，有了"噪音"，但是"噪音"不可怕，因为任何新生事物在其发展过程中不可避免地会出现问题。那么整个互联网金融将会向着哪个方向发展，会出现何种情况的变化呢？结合目前整个行业的趋势以及结合未来科技的发展方向，笔者认为未来的互联网金融将朝着智能终端移动化、大数据运用普遍化、云计算使用广泛化和金融脱媒常态化等趋势发展。

第一节　智能终端移动化

互联网金融必将从传统的PC模式向移动终端转变。经过几年的时间发展，互联网金融已经取得了突破性的发展，几乎所有的互联网金融业务都能通过互联网的方式解决。而随着移动智能手机的广泛使用，传统的互联网金融已经可以通过手机客户端实现，移动终端的方便快捷，必将使互联网金融从传统的 PC 模式向移动终端转变。

2013 年 3 月，商业内幕网发布的《移动互联网的未来》报告称，随着移动互联网的兴起，数字化正悄然发生变化，PC 销量放缓，移动设备销量超过 PC 的两倍。未来 2～3 年的时间内，单纯平板电脑的出货量就可以超过 PC，全球手机用户 60 亿人，而其中只有 10 亿人使用的是智能手机，整个智能手机市场还有着非常广阔的前景，移动互联网时代只是刚刚开始。2013 年 8 月，Facebook 对外发布消息称，其在美国地区共有 1.1 亿活跃的移动用户，占美国全部用户（1.25 亿）的 78%，移动互联网成为最主要的入口。在国内，微信是目前手机应用软件中使用频率最高的一款软件。自从 2011 年 1 月推出以来，在不到 4 年的时间内，微信的用户数已经超过 6 亿，增长速度非常惊人。

从目前的发展趋势来看，互联网的发展趋势已经进一步显现，有线网络是互联网的第一种形式，移动互联网是互联网的未来。

手机将成为未来互联网的主角是不可否认的，甚至将引领"第五次浪潮"，移动互联网金融将是这场浪潮最直接的受益者。通过移动互联网，金融企业将可以导入更多的业务流量，这些流量的导入可能是直接的，也有可能是间接的。从流量的导入方式可以清晰地看出未来移动互联网金融的发展趋势。

第一，移动端的服务平台增加。移动金融平台已经成为互联网金融发展过程中不可缺少的一个环节，无论是阿里巴巴还是腾讯，都在努力增加移动端的服务平台数量。

第二，在手机炒股的早期，部分与移动设备提供商合作的证券公司的炒股软件被绑定在移动设备的提供商平台上，通过这种方式获得业务入口。而目前，更多运用的是微信等平台的 APP，将自身的 APP 嫁接到手机上，便于用户进入其业务入口。

第三，移动端的普及增加了互联网金融企业的知名度。移动互联网的巨大流量背后是一巨大的广告效应和推广效应。在 2013 年至 2015 年中的一年多时间内，滴滴打车和快的打车这两款应用软件为了争夺客户的流量，推出了大规模打车补贴措施，成功地吸引了大众的眼球。除了自身的 APP 运用以外,也已经成功嫁接在支付宝钱包和微信这两个平台上。

第四,基于移动金融的异业联盟和异业合作将会进一步增多。在第五次浪潮中,互联网金融或移动金融是所有大型金融公司和大型互联网公司的最终模式。移动互联网公司和金融机构之间既存在着竞争,同时合作的机会也将增加,互联网企业拥有技术上的优势,特别是客户体验方面,而金融机构所提供的业务正是广大客户最需要的一项服务,两者的合作无法避免。中国移动入股浦发银行、支付宝入驻天弘基金等一系列资本运作已经为这场异业联盟拉开了序幕。

第五,基于移动互联网金融应用的 APP 以及 APP 平台的衍生品急剧增加。随着智能手机的普及,手机 APP 行业也应运而生。据不完全统计,目前我国手机 APP 商店超过 100 家,手机 APP 超过 100 万种,各种应用的下载量仅次于美国。越来越多的互联网金融机构将移动金融应用提升到战略高度,将金融机构的服务通过嫁接到传统的 APP 或通过新开发 APP 的方式来增加流量导入。

第六,金融机构物理网点的相对稀少是移动互联网金融发展的机遇。传统金融机构的扩张过程是一个物理网点扩张的过程,几乎所有的金融机构业务开展初期都需要借助物理网点的支持。而时至今日,这种传统的扩张方式已经无法满足人们日益增长的金融需求。以银行营业网点为例,一个平台柜员一天最多服务 200 个客户,全国 14 亿人口,就需要超过 600 万个营业网点,而目前银行业的网点数量远远没有达到这个层级,而且物理网点的扩张速度明显跟不上金融需求增长的速度。在这样的环境下,金融机构越来越依赖于自助式的设备,而互联网恰恰提供了这么一个平台。互联网是一个边际成本几乎为零的行业,人们的金融需求无论如何增长,只需要增加几个 G 的内存就可以解决。而手机端金融服务是一个完美的解决途径,有了手机端的自助操作,相当于为每位客户配备了一个金融管家。

第二节 大数据运用普遍化

互联网金融越来越依赖数据的支持,大数据是互联网金融的标配。"大数据"又称巨量资料,是海量、复杂的结构和多种类型的数据库的集合,都是基于云和应用数据的。数据的汇集和整合将形成一个智力资源、信息表和知识服务能力。简言之,从各种各样类型的数据中,快速获取有价值信息的能力是一项伟大的数据技术。基于云技术领域,这些最初很难收集和使用的数据正在被使用。随着各行各业的不断创新,为人们创造了更多的价值。

互联网金融不是互联网和金融的简单叠加,更深层次的变化是,一些基于互联网应用的特有技术,推动了新的商业模式、产品、服务、功能在金融业内出现,金融体系随之经历着新的变革。大数据在其中具有代表性,也被认为是支持在线金融发展的重要驱动力。

一、大数据助力互联网金融企业进行风险控制

从宏观上来讲,网上金融企业的风险管理可以分为两类:一类是类似阿里风险管理模式,在自己的系统上建立一个封闭系统的信用评估和一个风险管理模型,其中包括一些电子交易和支付信息;另一类是许多中小金融企业将数据放到互联网上,供信贷机构交换,然后提供贷款报告信息。

从微观上来讲,信用是一个抽象的概念,看不见,摸不着。但是,大数据可以帮助我们还原一个人,甚至一群人的信用轮廓,这将是根本性的改变,并将会产生巨大的影响。比如天气预报,没人可以准确地预测,但是借助气象大数据,人们可以从中找到规律,从而实现更为准确的预测。

二、大数据助力互联网金融目标用户精准定位

互联网金融企业同行业间的竞争也是非常激烈的,各企业使出浑身解数,或凭借高额收益率或凭借手续费优惠,以此来吸引用户选择自己。

面临巨大的市场压力,许多互联网金融企业都已经意识到,营销实践对企业的生存和发展有着重要的影响。想要再金融市场激烈的竞争环境中赢得一席之地,在线金融公司需要准确地定位商品,并将自己的产品推送给目标人群。

第三节 云计算使用广泛化

人们常说的云计算是一种互联网在线计算过程,它允许根据需要提供通用的软硬件和计算机及其他工具信息。例如,云公司通常提供一个通用的网络应用,可以通过软件或浏览器等访问该公司,软件和数据存储在网络服务器上。云计算服务通常提供各种各样的晶片来访问在线商业程序,软件和数据可以存储在数据库中。

目前的互联网金融还停留在单体的闭环金融环节,谁拥有客户的资源渠道越多,掌握的技术门槛越高,在互联网金融的竞争中的优势将更加明显,而云计算能力是处理资源最好的方式。

所有经济和金融活动都可以看作是数据来源、物质流动和资金流动的总和。物质流是实际活动(生产、分配、流通和消费)的基础和作用,而资金流是物质流动的能量,是所有利益相关者通过支付方式所享有的权利和利益。物质流和资金流总是逆向的,这一切都是以信息为特征和控制的,因此,信息链、物流链和资金链的整合和有效性是经济和金融绩效的一个整体。物流网络和金融网络依赖于信息网络的存在和发展。因此,信息部门的任何进展都将导致经济金融的变化。

网络金融的云计算也称为金融云账户,它使用云计算编译的基本规则,将各金融机构的信息系统组织到移动端,或使用互联网互连数据,并使用云服务提供商发布货币、新闻和云服务,提高了公司的整体效率,优化了整个业务流程,降低了成本,为客户提供了舒适快捷的金融服务。

云共享时代的金融业与传统的金融业最主要的区别在以下几个方面。

第一,客户服务。互联网金融机构的客户以年轻客户为主,因此对信息服务的响应速度、信息载体的多样性等方面均提出了更高的要求。未来应对新兴网络群体提出的新要求，互联网金融机构渴望其业务终端能向移动化、智能化、轻便化以及个性化发展，对于云计算的需求便产生了。

第二，市场竞争。互联网云计算是一个边际成本几乎为零的行业，互联网服务提供商、电信运营商、移动支付、P2P借贷机构等都可以通过云来降低业务的平均成本。成本的降低是价格战出现的一个重要前提，会加剧市场竞争。

第三，金融监管。云计算作为一项新型的业务模式，势必会带来很多的监管盲区，如何在享受云计算带来便利的同时防范可能发生的风险，也是未来一段时间内整个互联网金融行业关注的重点。而未来整个金融云时代可以通过一个简单的公式清晰地表明（见图7-1）。

图7-1 金融云时代公式

第四，用户体验。首先，软件服务的升级，金融云时代的金融服务完全可以利用浏览器进行保险、投资、理财等多种金融工具的使用，不仅可以省去到现场拜访金融公司的麻烦，而且可以进一步避免客户端的设立和确认问题。只要有网络，你就可以不受限制地进行访问操作，给客户带来了极大的方便，也就是金融云时代的软件服务通过升级来提升客户体验。其次，平台服务功能的提升，降低了其开发的难度，使得应用开发周期大大缩短，从而使得金融服务能够快速地推出。云计算商业可以提供高级数据处理服务。通过这些服务可以简捷有效地处理庞大的金融数据。最后是利用基础设施上的变化提升客户体验。未来的金融行业是一个IT金融的概念，行业的信息化程度会越来越高，因此基础设施的提升将集中在IT领域，从而客户可以通过互联网云计算有效地享受金融服务。

第五，成本低廉。进入互联网时代，企业单个客户的边际成本被无限降低。互联网金融机构不再受限于物理网点的制约，可以无限制地开展业务，前提是其后台的IT能够承载运行的压力。目前很多金融机构已经将大笔的投入放在数据中心的建设方面,而且金融机构对于专业化的 IT 团队的需求也越来越大。

综上所述,云计算的使用必将在互联网金融机构普及,极大地提高其运作效率和降低成本。

第四节 金融脱媒常态化

在线金融的可用性增加了对金融和技术的分析。互联网金融潜力在于为供需双方提供一个直接交流和连接业务的网站,从而使商业信息能够直接进行交流,并可以获得线上和线下的联系互动。消除许多不必要的环节,并迅速提高对所有社会资本的直接投资水平。

银行作为间接融资的主要途径,是一种中介。它存在的主要原因是为了解决交易两方之间的非机密信息和借贷不足的问题。当互联网允许有足够信息的直接贸易时,间接融资就不必要了,金融脱媒也会加剧。在一段时间内,投资企业、信用评级公司和财务咨询公司已经产生了一些中介机构来解决直接投资的间接信息。这些机构的存在使直接融资的比例继续增加。目前,通过网上业务联系获得的完整信息将进一步促进这一发展,普通银行的业务范围将进一步缩小。

电子渠道的巨大作用改变了银行资产的内部地位。作为银行业类型的中介,需要寻求网点的转型探索,以创造线上和线下整合的竞争可能性,形成竞争力。普通银行中的客户经理应该更好地考虑维护关键客户,为客户提供提高增值的服务,更好地发展公司业务,加快业务的多样化和协调。

与此同时,随着互联网金融的持续推进,这将导致一些新的金融中介公司出现。在新的网络金融环境中,在线金融公司将依靠互联网托盘和大数据技术开发新的跨部门业务。例如,大型数据分析公司提供投资价值分析、信用评级信息以及投资前和投资资本预测;负责任的网络贷款报告企业为P2P经营场所和集团企业提供风险缓解技术;风险投资企业在互联网上提供风险评估服务;以及依托互联网的投资公司为直接投资和网上融资提供投资咨询服务。此外，还将提供依托互联网金融的货币投资领域。

  由此可见，我国互联网金融发展潜力巨大，无论是作为管理层还是监管层，都应该从健康发展的角度制定相应的政策，扶持互联网金融发展，促进我国普惠金融受益面的扩大。

参考文献

[1]黄震,邓建鹏. 互联网金融法律与风险控制[M]. 北京:机械工业出版社,2014.

[2]梁循,杨健,陈华. 互联网金融信息系统的设计与实现[M]. 北京:北京大学出版社,2006.

[3]唐士奇. 现代商业银行经营管理原理与实务[M]. 北京:中国人民大学出版社,2015.

[4]上官永清,任碧云. 金融脱媒[M]. 北京:中国财政经济出版社,2012.

[5]张晓光. 一般均衡的理论与实用模型[M]. 北京:中国人民大学出版社,2009.

[6]李耀东,李钧. 互联网金融框架与实践[M]. 北京:电子工业出版社,2014.

[7]芮晓武,刘烈宏. 中国互联网金融发展报告[M]. 北京:社会科学文献出版社,2014.

[8]杨东,黄超达,刘思宇. 赢在众筹:实战,技巧,风险[M]. 北京:中国经济出版社,2015.

[9]中国人民银行金融稳定分析小组. 中国金融稳定报告(2014)[M]. 北京:中国金融出版社,2014.

[10]杨东,文诚公. 互联网+金融=众筹金融[M]. 北京:人民出版社,2015.

[11]姚文平. 互联网金融——即将到来的新金融时代[M]. 北京:中信出版社,2014.

[12]罗明雄,唐颖,刘勇. 互联网金融[M]. 北京:中国财政经济出版,2014.

[13]乔海曙. 互联网颠覆金融[M]. 北京:经济管理出版社,2014.

[14]陈平,张淑平,褚华. 信息技术导论[M]. 北京:清华大学出版社,2011.

[15]季冬生. 信息技术与金融发展[M]. 北京:中国金融出版社,2004.

[16]王世辉,石睿. 现代信息技术应用[M]. 北京:北京师范大学出版社,2011.

[17]中国人民银行金融研究所. 新金融时代——权威解读互联网金融[M]. 北京:中信出版社,2015.

[18]郭凯峰,马永双. 经济法[M]. 北京:中国社会出版社,2007.

[19]史际春,邓峰. 经济法总论[M]. 北京:法律出版社1998.

[20]罗荣,黄南平. 经济法教程[M]. 广州;华南理工大学出版社,2005.

[21]李吕麟. 经济法学[M]. 北京:中国政法大学出版社,1998.

[22]孔祥俊. 反垄断法原理[M]. 北京:中国法制出版社,2001.

[23]马梅,朱晓明,周金黄. 支付革命:互联网时代的移动支付[M]. 北京:中信出版社,2014.